LUCIANA MARTINELLI
LO SPECCHIO MAGICO
IMMAGINI DEL FEMMINILE IN LUIGI PIRANDELLO

EDIZIONI DEDALO

In copertina:
Federico Zandomeneghi (1841-1917), *L'ultima occhiata*. Galleria d'Arte Moderna, Venezia.

Questo volume è pubblicato con il contributo del Dipartimento di Culture Comparate; dell'Università degli Studi de L'Aquila e del M.U.R.S.T. (Fondi 40% per la ricerca).

© 1992, Edizioni Dedalo srl, Bari
Stampato in Bari dalla Dedalo litostampa srl

Nuova Biblioteca Dedalo / 131
serie «Nuovi saggi»

A Giovanna e Giuseppe

Un tripode ardente ti farà capire
Che hai toccato il fondo dell'abisso:
Al suo chiarore scorgerai le Madri;
Seggon le une, stanno le altre e vagano.
Formazione, trasformazione,
Eterno giuoco dell'eterno pensiero,
Intorno ad esse aleggiano le immagini di tutte le creature.

Goethe, *Faust*

Premessa

Questo libro è, innanzi tutto, la realizzazione di un desiderio, vissuto per lungo tempo nella dimensione interiore, e che è stato il compagno segreto della mia attività di lavoro per molti anni.

L'analisi del testo è senza dubbio la strada maestra del critico che interroga la letteratura, e non quanto sta sopra, sotto, lontano, vicino, ma che letteratura comunque non è. I giochi incrociati delle varie scuole, i duelli metodologici hanno potuto, di quando in quando, per breve o per lungo periodo, obnubilare la funzione della critica, spostandone gli obiettivi verso prospettive ad essa estranee. Ma anche se, per percorsi carsici, sempre, alla fine, il testo, la parola scritta sono riemersi alla luce a riaffermare l'interesse di coloro che di lettori hanno il fiuto e la costanza. Sì, la costanza di entrare nel mondo non per il suo immediato manifestarsi estrinseco, ma per le epifanie di immagini, di fantasmi, di suoni mediante cui esso si modella nello scenario immaginario dell'artista.

L'universo della poesia è l'universo della parola dei poeti. Se, fuori di questa parola, esso svanisce come un sogno alle luci dell'alba, rimane però da interrogarsi sull'origine di un dire che, prima di comunicare, è un costruire, un fare. Un inventare, è forse più corretto: un inventare un sistema di segni e di figure che stanno al posto di qualche altra cosa, per qualche altra cosa. Al posto della fenomenologia dell'accadere esterno, che perde la sua arbitrarietà e la sua casualità e si fa necessario ed essenziale nella coerenza dell'organizzazione del discorso individuale di ogni singolo autore. Ma anche al posto del flusso interiore del soggetto, il cui originario moto, indistinto e inafferrabile, il linguaggio trasforma in una significante dinamica di fantasie e di simboli.

La lingua di un artista è una sorta di lente magica: applicandola sul nostro occhio, ci è consentito di sciogliere l'enigma nascosto nelle forme della scrittura: ma solo tentando oltre, più in profondità, possiamo penetrare nella «zona fortificata», dove la trama dei simboli verbali può cedere, oltre che di se stessa, il segreto della propria genesi.

In tanti anni di frequentazione pirandelliana, sempre un tema si accampava sugli altri e mi si imponeva come un'ossessione: la donna e il mondo femminile.

Gran parte della critica ha ammesso, concorde, la presenza e l'importanza del tema. Ma io venivo sempre più suggestionata dall'ipotesi che esso fosse qualcosa di più e di diverso. Quanto più scavavo nella pagina, tanto più mi sembrava che lo spazio concesso dall'autore al femminile — alle sue irruzioni, alle sue apparizioni e alle sue funzioni — costituisse lo spazio stesso dell'istanza scrittoria: una dimensione psichica, direi, che, come un campo magnetico, attira entro la propria orbita l'intera gamma della tematica pirandelliana (gnoseologica, culturale, letteraria, formale). Ed essa di qui, come da una terra ignota appena emersa dall'oscurità, trova un alimento inconsueto, che le conferisce l'originalità della formulazione e l'energia delle modalità trasgressive e perturbanti di impostazione e di rappresentazione.

Cedendo alla seduzione del sospetto, mi accingo, con questo lavoro, ad esplorare la sua consistenza in alcuni testi dell'autore, selezionati in modo che, se si rivelasse fondato, ne sarebbe legittimata la «proiezione» sull'intera opera dello scrittore.

L'analisi sarà pertanto uno «spaccato» entro la complessa tessitura dell'universo pirandelliano, che metterà a fuoco una serie particolare di raffigurazioni: quelle generate dalla fantasia intorno alla donna.

Capitolo primo

Lo specchio magico

La tonalità costante — il colore uniforme, che tinge la sofferenza dei personaggi pirandelliani — induce a formulare l'ipotesi — che sorregge questo lavoro — che sia un contenuto psichico specifico ad alimentare le fantasie del loro creatore.

Nella varietà delle vicende rappresentate, infatti, il ricorrere quasi ossessivo della medesima condizione di malessere — la solitudine, l'incomunicabilità, l'impossibilità di rapporti affettivi, l'aridità emotiva, l'arresto vitale — in cui i protagonisti vengono bloccati, tesse il filo monocromo che attraversa, congiunge, intreccia i diversi casi e compone il disegno di un analogo disagio interiore.

È come se, in tratti diversi, in maniere differenti, inconsciamente, Pirandello crei l'immagine multipla di un'identica esperienza di dolore. Il dolore che nasce dall'incapacità del personaggio, del personaggio maschile specialmente, di accogliere in sé il movimento della vita, le istanze della natura, di sentirle come proprie, di riconoscerle e di sciogliere in esse il groppo della propria infelicità.

Lo sforzo mentale che i protagonisti compiono per comprendere l'origine di questa infelicità, per quanto grande, non riesce ad afferrarne la sostanza. Essi vivono scissi tra un lucido, troppo lucido, esercizio raziocinante, che è simile a una macchina sofisticatissima — la quale però non produce altro che il proprio movimento — e un bisogno, spesso disperato, di «altro». Altro, che essi non riescono a individuare e di cui filtra soltanto qualche barbaglio, si delinea qualche ombra nei loro sogni allucinati o nei cupi deliri in cui deraglia la loro ragione. Quasi per contrappasso, quando la potenza degli istinti e l'energia del loro inconscio, repressa e sconosciuta, li investono, essi senza volerlo, senza saperlo, vengono trascinati in un viaggio misterioso, le cui stazioni sono la malattia, la follia, la morte.

È la mappa di un destino umano senza scampo quella disegnata dallo scrittore, il quale, nell'interazione del suo progetto conscio con la sua intuizione inconscia, la elabora e la ritrae, vi si proietta e insieme se ne differenzia, la moltiplica e, al tempo stesso, ne dissolve l'apparenza fino a rivelarne le scaturigini più segrete. Come quei suoi personaggi che guardano allo specchio la propria immagine, sanno che è la loro, ma non la riconoscono e vi si pongono davanti quasi fosse l'immagine di un estraneo, di uno sconosciuto, di cui, senza pietà, dissezionano la struttura, come spinti dall'inconsapevole bisogno di raggiungere, attraverso quest'operazione effrattiva, il se stesso perduto.

Il sentiero del sapere si biforca dalla strada del conoscere.

L'inafferrabilità è la cifra della molteplicità. Il personaggio che, attraverso l'immagine riflessa, insegue un inafferrabile se stesso è il modello narrativo in cui l'autore insegue la molteplicità inesauribile del personaggio. Di qui, l'oscillazione continua tra l'ottica del personaggio e l'ottica autoriale, che crea la seduzione dei testi pirandelliani. Il fluttuare incessante delle focalizzazioni produce infatti quell'effetto di dislocazione che, nelle pagine più alte, diviene il procedimento stesso attraverso cui viene svelata l'impostura che è la maschera dei personaggi.

Passando dal rapporto di Pirandello con la sua opera alla struttura di questa, è evidente che in essa, molto di frequente, il ruolo di svelamento, esercitato dallo sguardo-specchio del narratore, viene assunto dall'«occhio» del personaggio femminile. Come se, nelle situazioni narrative e drammatiche concrete di molti testi, lo scrittore abbia delegato alla donna la funzione rivelatrice propria, è allo sguardo di lei che, della coscienza dei protagonisti, si spalancano i fondali e appaiono le inclinazioni occulte, le latenze rimosse, le disposizioni negate. Ma la delega non è solo un procedimento narrativo. Il procedimento narrativo infatti traduce e formalizza il processo che guida lo scrittore ad attivare l'aspetto femminile di sé, ad attingere alla sua originale energia psichica, a sentire come propria la differenza della sua prospettiva. Luogo di continua produzione di significati, è questa diversa dimensione interiore a connotare di un altro valore il conflitto tra vedere e vedersi, tra immagine riflettente e immagine riflessa — che è un *tòpos* centrale dell'universo pirandelliano. Dalla dialettica mentale, dalla riflessione verbale in cui, solitamente, si avviluppa e si mimetizza il personaggio maschile, il quale interpreta il proprio dramma come il contrasto immanente tra il movimento della vita e la forma, tale contrasto si trasforma nello scarto tra immagine esterna e immagine interiore, assumendo il carattere del dissidio profondo dei personaggi tra consapevolezza e inconsapevolezza, tra verità di sé e menzogna su di sé.

Ampliando l'orizzonte delle motivazioni esistenziali, sollecitando angosciose perplessità, proponendo percorsi alternativi all'agire dell'uomo e alle sue leggi, scavando un solco profondo tra pietà e giudizio, l'ottica femminile diviene il punto di rottura dell'ordine coscienziale maschile. Il punto in cui egli è messo davanti alla propria ambiguità ed esperimenta la sua profonda fragilità.

Non omologa, né omologabile a quest'ordine, la disposizione femminile dell'animo ne demolisce l'architettura: e lo fa non tanto attraverso la trasgressione delle idee, quanto attraverso la potenzialità del suo sentimento che, stabilendo nuovi nessi e relazioni tra i fatti e le cose, della realtà rivela sensi, altri e inconsueti, che ne ampliano la percezione e la raffigurazione. Non è la differente comprensione dell'esistenza quella che, per esempio, in *Come tu mi vuoi* (1930), allontana irreparabilmente l'Ignota da Bruno?

Con l'anima — afferma il personaggio femminile — ti puoi levare un momento, uscir fuori, su tutto quello che di più orribile t'aveva potuto far provare la sorte... Essere? essere è niente! essere è farsi! — grida lei — E io mi sono fatta quella! — Non ne hai compreso nulla, tu!... Povero Bruno, povero Bruno, così preoccupato di queste prove e documenti che potranno essere presentati![1].

Il processo di trasformazione di sé, che la protagonista elabora, l'affidarsi di lei alle intuizioni interiori della sua anima che possano ricongiungerla al partner e farle costruire, o ricostruire, il rapporto, spezzato dalla sorte, non superano l'ostacolo dell'ostinato, loico interesse esclusivo di lui alle prove concrete, ai fatti spiegabili con la ragione. Egli non è in grado di cercare, di capire, di immaginare, come afferma l'Ignota abbandonandolo alla sua mediocrità e rientrando nel suo destino di figura inconoscibile:

Cia, tu, l'hai cercata male! — Le ricostruisti subito la villa; ma non cercasti, non cercasti mai bene, se tra le pietre sparse e lo scompiglio della rovina, qualche cosa di lei, della sua anima fosse rimasta... qualche ricordo veramente vivo — per lei! non per te! — Fortuna che l'ho trovato io![2].

E non è il disprezzo terribile della Figlia, nei *Sei personaggi* (1920-21) a inchiodare il Padre e a far crollare l'impalcatura di giustificazioni e di alibi con cui egli difende il suo comportamento «immorale», «cinico» verso la Madre, che non ha saputo reagire, e verso i figli che ne sono state le vittime?

Ah, che schifo, [...] che schifo di tutte codeste complicazioni intellettuali, di tutta codesta filosofia che scopre la bestia e poi la vuol

---

[1] L. PIRANDELLO, *Maschere Nude*, vol. I, atto II, Mondadori, Milano 1958, pp. 993-995.
[2] *Op. cit.*, vol. I, atto III, pp. 1023-24.

salvare, scusare... Non posso sentirlo, signore! Perché quando si è costretti a «semplificarla» la vita — così, bestialmente — buttando via tutto l'ingombro «umano» d'ogni casta aspirazione, d'ogni puro sentimento, idealità, doveri, il pudore, la vergogna, niente fa più sdegno e nausea di certi rimorsi: lagrime di coccodrillo![3].

In *L'amica delle mogli* (1926), è Marta a esprimere la ragione profonda che l'ha trattenuta dallo stabilire un rapporto affettivo, un legame duraturo con gli uomini. Essi infatti impongono alla donna una maschera, che la estranea da se stessa, che la fa divenire come loro vogliono che sia. Privandola della sua vera personalità, essi la riducono a una «mostruosa vergogna»:

Lo vedo bene, lo vedo bene, come voi vorreste che fosse una donna! Ecco: come l'avete ridotta: — una mostruosa vergogna. — Il vostro stesso vizio. [...] Dio sa se c'è in me superbia; se io mi sento, dentro di me, in tutto, quello che veramente penso che dovrebbe essere una donna![4].

L'infantilismo, l'egotismo, la banalità mentale e psicologica di Carlino e di Tito, in *O di uno o di nessuno* (1929), hanno la loro rivelazione e ricevono la loro condanna dalla generosità, dallo spirito di sacrificio di Melina — la donna pubblica, divenuta amante di entrambi —, e dal suo amore infinito per il proprio figlio. Se i due uomini rifiutano il nascituro perché non possono accertarne la sicura paternità, Melina, sola, abbandonata, offesa nei suoi sentimenti più intimi, straziata fino a morirne, mette al mondo la sua creatura e dà a loro una straordinaria lezione di umanità e di rispetto della vita:

No, Tito! No, Carlino! Non è vostro! Non è vostro! non dovete più pensare a questo! che sia tuo... o tuo — no! è mio! mio! mio soltanto! pensate che sono io, io sola in lui... io che gli ho dato la mia vita, la mia! — lo dovete amare per questo — e non pensare e

---

[3] *Op. cit.*, vol. I, atto I, p. 93.
[4] *Op. cit.*, vol. II, atto II, pp. 137-138.

non vedere altro — me soltanto, in lui — o vedere lui, lui — senza pensare a voi — lui ch'è tanto bellino... lui ch'è Ninì, piccolo piccolo [...] e basta! — M'è costato tanto... Non m'avrà più... Deve aver voi, allora... È innocente! Riposa là nella sua innocenza, perché il male che ha potuto fare nascendo, non è colpa sua... È innocente, lui! E mi dovete giurare, giurare che in questa innocenza in cui ora riposa lo lascerete sempre, pensando a me — che è soltanto mio... — e lo lascerete crescere lui... come sarà, per sé... Ninì [...] — non tuo e non tuo... lui, per sé[5].

Come il ritorno di una situazione archetipica, la separazione tra uomo e donna riproduce sempre una forma eterna di alienazione e di dolore. La forma resa immortale dall'urlo della Madre nei *Sei personaggi*, che dissolve la pretesa equivalenza del Padre tra realtà e finzione e che, per usare le parole stesse di Pirandello, riafferma la sua vita in un'immagine che «la vita non consuma»[6].

All'occhio reale o metaforico della donna — al suo coraggio di guardare, alla sua intuizione, alla sua perspicacia, alla sua energia, alla profondità delle sue emozioni, all'ombra loro che essa evoca — gli uomini rivelano di sé più di quanto possano rivelare a se stessi. Come in una sfera o in una poliedrica superficie speculare, è davanti alla sua figura, vera o immaginaria, che la scissione della loro persona, l'emersione di figure diverse, l'apparizione di ombre ignote s'ingigantiscono, si alterano, si intrecciano, si mescolano e divengono i processi stessi, ambigui e indeterminati, della loro struttura psichica. Questo è l'orizzonte in cui si collocano le metamorfosi di Ciàula (*Ciàula scopre la luna*) e di Batà (*Male di luna*) per effetto dell'azione della luna, la divinità notturna, che, nei miti e nelle religioni antiche, ha sempre simboleggiato la sfera della femminilità.

Il confronto con l'immagine femminile modifica lo spazio, incurva il tempo logico e continuato del pensiero nel

---

[5] *Op. cit.*, vol. II, atto III, pp. 812-813.
[6] Prefazione ai *Sei personaggi in cerca d'autore*, *op. cit.*, vol. I, p. 65.

tempo circolare e discontinuo dell'interiore e dissolve la differenza tra fantasia e realtà.

L'abisso di riflessioni che come tarli, in *Uno nessuno e centomila* (1925-26), scavano nella coscienza di Vitangelo Moscarda fino a mostrargli l'inconsistenza della «persona» che, per quasi trent'anni, ha creduto se stesso non è messo in moto dal rilievo della moglie su una sua imperfezione fisica? L'effetto sconvolgente dell'osservazione di Dida conferisce a questa un valore metaforico che ne modifica l'apparente banalità. È come se gli occhi della donna divenissero lo specchio interno in cui Vitangelo non riconosce più se stesso, ma vede l'estraneo che le opinioni, i giudizi suoi e altrui hanno costruito; l'estraneo che si è sostituito a lui nella sua vita e non gli ha mai permesso di rappresentare una vera immagine di sé.

Lo sguardo della donna diviene una sorta di specchio magico. L'uomo che vi si guarda vede, come fosse fuori di sé, l'immagine della propria anima che, per parafrasare Hofmansthal, egli non ha saputo «trattare con attenzione», e ode, come fossero d'altri, le tante istanze di lei, che egli ha rimosso per costruire il virtuosistico «a solo» della sua coscienza maschile.

L'attrazione e la repulsione per la figura femminile, la sua ricerca e il suo rifiuto, il desiderio e l'odio, che per lei nutrono i personaggi, si convertono nell'attrazione e nel rigetto, nel bisogno e nella paura di una parte di se stessi, che è la parte di lei che è in loro, che è loro.

Il gioco incrociato, che anima tante opere dello scrittore, tra l'immagine che la donna riflette del personaggio e l'immagine di sé che egli vede attraverso di lei, muta il dissidio apparente, esteriore, psicologico tra uomo e donna in una dinamica dell'inconscio. La dinamica tra disposizioni maschili e disposizioni femminili dell'animo, la quale, nelle situazioni concrete dei suoi testi, assume la forma personale e soggettiva con cui lo scrittore ha elaborato e ha dato espressione a una delle più forti tensioni interiori umane.

Capitolo secondo

Maschile e femminile: una relazione interrotta

La funzione del femminile in Luigi Pirandello si può individuare, correttamente, solo considerando la struttura generale della sua opera. Affrontare questo tema, sulla base di una valutazione psicologica e/o sociologica dei personaggi, rappresenta una semplificazione, che non ha mai condotto al nodo del problema.

La domanda di chi siano Marta, la moglie o la figlia del signor Ponza e della signora Frola, la Nestoroff, Mommina, l'Ignota, la Figliastra e la Madre nei *Sei personaggi in cerca d'autore*, e tante altre protagoniste delle novelle, dei romanzi, dei drammi non può più accontentarsi di una risposta che si esaurisca nell'analisi del loro ruolo scenico o narrativo o che le risolva in momenti della dialettica dimostrativa di Pirandello.

Queste riduzioni della figura femminile hanno le loro radici nell'impostazione che, di norma, ha ispirato l'interpretazione critica dell'autore. Una interpretazione che, pur arricchendosi progressivamente e dilatandosi in direzioni nuove, è rimasta pressoché legata al livello di superficie del testo, che lo denota come il risultato di una *deregulation* intellettuale della cultura tardo-ottocentesca tale da rappresentare — nello scardinamento dell'organizzazione logico-formale del materiale letterario tradizionale — la polverizzazione degli schemi conoscitivi e delle categorie mentali entro cui, in una simulazione di linearità monovalente, si cristallizzavano le modalità dell'esistenza individuale e i rapporti intersoggettivi.

Un diverso approccio alle opere di Pirandello potrebbe andare oltre e approfondire la portata della trasgressività dell'autore. Una indagine che, attraverso i procedimenti delle forme volontarie della sua scrittura — espresse dai rapporti logico-sintattici, dalle relazioni di senso e di ritmi, dalle figure retoriche, dalle scelte culturali e dalle opzioni dei generi e dei modelli — si spinga entro l'atto costitutivo stesso della sua volontà cosciente: in quella zona, cioè, di raccordo tra l'attività involontaria e l'attività volontaria riflessiva, dove le operazioni linguistiche traducono in immagini le cose, trasformano a livello di significanza, come altro secondo senso, implicito nel senso primario, manifesto delle parole, le pulsioni, i desideri, le emozioni, le fantasie, in una parola, la dinamica psichica del soggetto, indistinta e indifferenziata. La dinamica che costituisce la base sottostante alla formalizzazione simbolica del linguaggio e forma la matrice indissociabile delle marche del testo.

L'attività creatrice si può configurare come un processo di semanticizzazione, in cui l'io dell'autore rappresenta a livello di realtà e nelle relazioni della comunicazione intersoggettiva, una parte di sé all'altra parte. In questo modo — lo teorizza C. Mauron[1] — al rapporto duale, tradizionale, autore-pubblico, si sostituisce il rapporto triadico, autore inconscio-autore conscio-pubblico. A livello figurale di un testo, di qualunque testo — poetico, tragico-realistico —, le sfasature e le ambiguità di senso dell'ordito logico di superficie, che il lettore coglie in alcune unità del discorso letterario, sono, in analogia con il procedimento onirico, i sintomi delle interferenze in esso di un altro ordito latente, di un ulteriore livello di senso, a quello sotteso. Il rapporto tra queste sfasature è in grado di rivelare la complessità testuale: la pluralità spesso inesauribile dei sensi e dei significati, il sistema delle condensazioni simboliche, la dinamica tra segno primario, manifesto, retorico-for-

---

[1] C. MAURON, *Dalle metafore ossessive al mito personale*, Il Saggiatore, Milano 1966.

male, e le sue sopradeterminazioni, nella cui rete si espande lo spazio immaginario dell'opera, ove si produce il suo movimento e la sua energia[2].

L'opera di Pirandello, nell'esperienza letteraria italiana del Novecento, offre un ottimo esempio di struttura testuale complessa, la cui decodificazione è affidata alla capacità di ricostruirne lo spessore, rintracciando, nel gioco tra il significato esplicito dei temi, delle situazioni drammatiche, dei ruoli dei personaggi e il tracciato sottostante delle fantasie psichiche, il rimosso del linguaggio, il virtuale delle immagini, il latente e metaforizzato della scrittura. È come restituire a un corpo la sua ombra.

Restituire a Pirandello l'ombra, significa, in primo luogo, riconsiderare da un'altra ottica la scissione tra ragione e sentimento, tra individuo e società, che, a livello di rappresentazione cosciente, l'autore istituisce nello iato tra la mutevole, varia fenomenologia della coscienza e i valori istituzionalizzati del sapere. Il duello tra l'essere e l'apparire, tra la fissità della maschera e il flusso inarrestabile e multiforme della vita interiore, nell'opera dello scrittore, metaforizza infatti lo scompaginarsi dell'ordine intellettuale e sociale tardo-ottocentesco sotto l'irruzione di istanze, di bisogni, di desideri esistenziali nuovi, di modelli culturali alternativi.

Il significato di tale rottura è stato, da parte dei critici, più facile circoscriverlo nella collisione fra le categorie mentali statiche della conservazione e le modalità trasgressive della rivolta. E questo è senza dubbio uno dei suoi sensi. Ma, nella plurisemia della scrittura pirandelliana, questa rottura si espande in una più complessa significanza. Là dove nell'atto scrittorio, nelle scelte lessicali, nel ritmo linguistico, nelle innovazioni dello stile, nelle procedure narrative e drammatiche, prima ancora che nei temi, essa esplode come lacerazio-

---

[2] Cfr. A. SERPIERI, *Per lo studio dell'immaginario testuale*, in *Retorica e immaginario*, Pratiche, Parma 1986.

ne, entro la struttura stessa dell'«io», tra l'immagine che l'individuo costruisce e finge di sé e l'erosione del fondamento di tale finzione. Lacerazione che l'autore sperimenta nella realtà esistenziale concreta, la quale testimonia, secondo un'intuizione originalissima e profonda, la scissione nevrotica tra le valenze dell'emozione, dell'affettività, dell'istinto — ovverosia le valenze femminili dell'attività psichica — e le valenze del pensiero chiaro, che ha rimosso desideri, impulsi, istintività — cioè la sua valenza maschile. Ha qui probabilmente origine la «disarmonia interiore» che l'opera dello scrittore esprime, quel non so che di «torbido» e di «inquieto» che essa suscita e comunica, secondo la definizione di Benvenuto Terracini[3].

Sono le forme di tale dissociazione, che bloccano l'integrazione delle due polarità nella struttura psichica e nel suo immaginare il mondo, ad animare i fantasmi, a creare gli scenari, a istituire gli spazi mentali, perturbati e perturbanti, dei drammi pirandelliani.

La frattura tra le voci interiori e le norme esterne — culturali, sociali, etiche che siano — innesta, infatti, nei personaggi, un processo perverso di squilibrio, di perdita d'identità, di privazione di autonomia, di reificazione, di produzione di incubi fino allo sdoppiamento della personalità e alla follia. E queste manifestazioni sono il sintomo di un blocco della loro maturazione psichica e di un uso distorto della funzione dell'intelletto, raggelato in una pratica sterile di astrazioni e di sublimazioni.

Nella novella *Tutto per bene* (1906) — rielaborata nella commedia omonima (1920) — chi tradisce il meticoloso, ligio, decoroso funzionario di stato, Martino Lori? La moglie, che è stata l'amante dell'antico allievo di suo padre, Marco Verona, da cui ha avuto una figlia, attribuita al marito? È Marco Verona che ha plagiato il modesto impiegato con il fascino del suo

---

[3] B. Terracini, *Le «Novelle per un anno» di Luigi Pirandello*, in *Analisi stilistica*, Feltrinelli, Milano 1966, p. 45.

status di alto borghese, di uomo di cultura, di senatore ricco e raffinato?

Se il senso del discorso narrativo coincidesse con il significato della lettera, non si potrebbe fare a meno di ammettere che siano stati questi due i responsabili dell'inganno, in cui Martino Lori ha vissuto in questi anni adorando Silvia, amando la bambina, comportandosi come un ineccepibile padre di famiglia. Se la situazione fosse questa, la novella non uscirebbe dall'orizzonte dei tanti piccoli drammi, familistico-sentimentali, della letteratura di fine Ottocento.

La struttura narrativa del testo suggerisce, però, un'analisi ulteriore. La focalizzazione della vicenda è su Martino Lori, che ne è pertanto il protagonista e l'agente. È lui che osserva e interpreta gli avvenimenti; e li osserva e li interpreta secondo il bisogno di credere che tutto si svolga secondo le norme del decoro, della rispettabilità, dell'ordine, che egli s'illude regolino i sentimenti, la vita degli altri così come dominano la propria. Il meccanismo di proiezione sulla moglie e sull'amico della propria strategia di frenare l'esistenza, di irrigidirla nella norma e di leggerla secondo la lettera simulatoria del codice sociale, impedisce al Lori di chiedersi le ragioni dell'assiduità del Verona, dell'affetto eccessivo che questi nutre per la bambina, di stupirsi dei regali sontuosi che fa, di notare l'usurpazione del ruolo di marito e di padre. Martino non registra il disagio crescente di Silvia e il progressivo allontanamento da lui della figlia adolescente. E neanche il dolore profondo del Verona alla morte improvvisa di Silvia gli fa balenare alcun sospetto.

Lori rifiuta di vedere, rifiuta di capire, rifiuta di soffrire. Egli rimuove immagini, sensazioni, ricordi. Neppure il ricchissimo matrimonio di Ginetta con il marchese Guardi, grazie alla dote assegnatale da Marco, incrina la sua sicurezza sul regolare, corretto andamento dei fatti: «tutto per bene» appunto «pulitamente, come usa fra gente per bene, fra gente che sa fare a modo le cose». Una sicurezza, quella del protagonista, che deve essere continuamente alimentata da una fiducia negli altri, paradossale al punto da indurre il sospetto che essa non sia che una negazione di loro: una sostituzione delle loro figure reali con le figure irreali di una immaginaria autorappresentazione di Lori, che lo gratifica e lo garantisce proprio in quanto è una idealizzazione illusoria di sé e della realtà, che lo mette al riparo dalla verità.

È proprio lo scarto tra come stanno le cose in casa Lori e come Martino desidera che stiano, a rivelare che l'atteggiamento fiducioso di lui, più che essere ispirato da una bonomia naturale, è l'effetto del meccanismo narcisistico che induce il personaggio a negare la situazione reale e a sostituirla con una finzione. Questa sostituzione è la premessa del comportamento simulatorio di tutti i protagonisti della novella ed è la causa della loro infelicità.

Solo la traumatica esperienza di solitudine, di abbandono, di rifiuto finanche — da parte della figlia e del genero — farà crollare l'artificiale impalcatura di difesa maschile e separerà il Lori dalle sue fantasmagorie. Egli, allora, «vedrà», «comprenderà»:

> Tutt'a un tratto, senza saper perché, il pensiero gli s'appuntò in un ricordo lontano, nel più triste ricordo della sua vita. Ardevano in quella notte funesta quattro ceri, e Marco Verona, con la faccia affondata nella sponda del letto, su cui giaceva Silvia morta, piangeva.
> Fu all'improvviso come se, nella sua anima scombujata, quei ceri funebri guizzassero e accendessero un lampo livido a rischiarargli orridamente tutta la vita, fin dal primo giorno che Silvia gli era venuta innanzi, accompagnata da Marco Verona.
> Sentì mancarsi le gambe, e gli parve che tutta la camera gli girasse attorno. Si nascose il volto con le mani, tutto ristretto in sé:
> — Possibile? Possibile?[4].

I lampi «lividi» che rischiarano «orrendamente» tutta la sua vita sono i lampi di un sapere sempre allontanato, di un

---

[4] L. PIRANDELLO, *Novelle per un anno* (a cura di Mario Costanzo, con premessa di Giovanni Macchia), vol. I, t. I, Mondadori, Milano 1985, p. 379.

capire sempre negato, di un ricordare sempre cancellato che, accendendosi all'improvviso, illuminano il vero Martino e mostrano che è lui il responsabile principale dell'inganno subíto. Silvia e Marco si sono amati, hanno avuto una figlia: è vero. Ed è anche vero che hanno taciuto. Ma chi ha riempito questo silenzio di finzioni, chi ha messo in atto una strategia difensiva deformante, chi si è mentito e ha mentito, impedendo, forse, agli altri due l'atto chiarificatore, è proprio lui, il Lori.

Secondo la tecnica pirandelliana del paradosso che, attraverso il contrasto tra quanto avviene e quanto sembra avvenire, fa saltare la consequenzialità esteriore dei fatti, è il marito l'artefice, involontario e inconsapevole, dell'equivoco, costruito sul non detto altrui.

La complessa e raffinata struttura del racconto trasforma, pertanto, la vittima in colpevole. In un colpevole contro se stesso: per non essere stato in grado di affrontare gli eventi e di adattarsi ad essi, per non essere stato capace di mettere in atto quel processo di liberazione da modelli e da convenzioni che gli avrebbe fatto attingere la zona più vera, non inflazionata di sé. Quel se stesso che Martino non ha avuto la forza di scoprire e di conoscere, ponendo gli altri nell'impossibilità di ri-conoscere; ed essi hanno frainteso e disprezzato:

Costui gli veniva in casa, là, come un padrone e... ma sì! forse sospettava ch'egli sapesse e fingesse di non accorgersi di nulla per vile tornaconto...
Come questo pensiero odioso gli balenò, Martino Lori sentí artigliarsi le dita e le reni fenderglisi. Balzò in piedi; ma una nuova vertigine lo colse. L'ira, il dolore gli si sciolsero in un pianto convulso, impetuoso.
Si riebbe, alla fine, stremato di forze e come tutto vuoto, dentro.
Più di vent'anni c'eran voluti perché comprendesse. E non avrebbe compreso, se quelli con la loro freddezza, con la loro noncuranza sdegnosa non gliel'avessero dimostrato e quasi detto chiaramente.

Che fare più, dopo tant'anni? ora che tutto era finito... così, da un pezzo, in silenzio...[5].

Lo scacco di questo, come di altri personaggi maschili pirandelliani, si rivela, quindi, come l'effetto di una immaturità psichica e di un blocco delle energie necessarie a stare dentro la vita, quale essa è, rugosa e stravagante.

Il «conflitto immanente» tra il movimento vitale e la forma — come dice l'autore stesso nella Prefazione (1925) ai *Sei personaggi* — non è pertanto che lo scontro tra realtà e finzione. L'atteggiamento, che ne deriva, è un atteggiamento di autotradimento. Il ridursi dei suoi protagonisti da creatori di se stessi e del loro mondo, a punitori di se stessi, a produttori di fantasmi, disegna la parabola metaforica del processo di sfaldamento dell'alta elaborazione borghese dei secoli precedenti. Perduta ogni funzione storica e ogni capacità di esprimere cultura, da maestri del pensiero quali erano stati i loro antenati, i piccoli borghesi di Pirandello si ritrovano a svolgere il ruolo di custodi di un tesoro smarrito: non sono che i meschini ragionieri della doppia partita del sapere. Lo scarto tra la funzione precedente e il ruolo successivo, non compreso, insospettato, ma vero, è lo spazio stesso delle invenzioni umoristiche dello scrittore.

Il procedimento della scomposizione, dello sdoppiamento della coscienza è realizzato da Pirandello, nella gran parte dei casi, attraverso la doppia focalizzazione delle vicende e delle situazioni. Esse sono presentate, dapprima, secondo una focalizzazione esterna (della voce narrante o di un protagonista), dalla quale sono viste accadere una volta sola, nella successione cronologica del tempo — ove assumono il valore fisso e unidimensionale, quale è conferita loro dalla concatenazione causativa e conseguenziale del pensiero logico. Si ripetono, poi, un numero infinito di volte, nella rifrazione interiore,

---

[5] *Op. cit.*, ivi, pp. 379-380.

dove la circolarità della rappresentazione psichica e il suo procedimento analogico altera, deforma e ambiguizza il loro senso.

Lo slittamento ininterrotto dal livello razionale, referenziale al livello di fantasie interiori, che connota gli avvenimenti e li fa essere così come essi sono per chi li vive, rende, forse, qualche volta, disorganico il progetto teorico dello scrittore. Ma è proprio questo slittamento di senso a fare di lui l'inventore straordinario di casi, di fatti, di figure — soprattutto di figure femminili — di uno scenario che porta alla superficie traumi profondi. Traumi attraverso cui il procedimento della conoscenza e dell'ordine formale, che esso costruisce, si scompone e lascia affiorare un processo che affonda le radici in un territorio «altro» rispetto alla zona della coscienza e della volontà: il terreno della partecipazione all'esistenza, di adesione alle cose, l'esperienza del dolore, il mondo dell'affetto, dell'emozione, che sono il regno dell'«anima». Nell'esplorazione di questo regno lo scrittore acquisisce una dimensione del comprendere e del sapere che si pone al di là di ogni ipotesi razionale, formulabile in quell'epoca, specialmente in Italia, e che prende forma nella dilatazione del linguaggio della sintassi in un altro, molto più complesso e sovradeterminato, sistema espressivo.

Nella notevolissima novella, ingiustamente trascurata dalla critica, *Quando si comprende* (1918), sono il dolore e la pena di una madre (in viaggio per visitare, forse per l'ultima volta, il figlio in partenza per il fronte) a dettarle la frase che disintegrerà l'edificio di giustificazioni, di motivazioni, di valori con cui un occasionale compagno di scompartimento dissimula, sotto la maschera del contegno e del ruolo sociale, la disperazione per la morte in combattimento del proprio figlio. Lo spazio drammatico della vicenda è creato dall'ambiguità del verbo «sentire». Il «sentire» inautentico dell'uomo, a cui la condizione pubblica, sociale di padre di un eroe, caduto per la patria, impone il comportamento megalomane del generatore di stirpe di guerrieri, del patriota compiaciuto del sacrificio supremo del figlio:

> E vanno essi, a vent'anni, vanno perché debbono andare e non vogliono lagrime. Non ne vogliono perché, anche se muoiono, muoiono infiammati e contenti [...] Bisogna non piangere, ridere... o come piango io, sissignori, contento [...] perché [...] la sua vita lui se l'era spesa come meglio non avrebbe potuto [...][6].

Al sentire del personaggio maschile si contrappone il «sentire» vero, profondo, quasi animale, della madre, che nulla può indurre a rassegnarsi «non già alla morte, ma a un probabile rischio di vita» del figlio. Sarà proprio la carica emotiva sua a indignarla contro la farsa lugubre di una danza di marionette incoscienti, e a provocarla al punto di formulare la domanda, semplice e terribile, «Ma, dunque... il suo figliuolo è morto?»[7], che interrompe il tragico rito collettivo. Pronunciare la parola «morto» è l'atto trasgressivo che restituisce sostanza vera, sostanza di perdita, di dolore, di scialo, al destino di chi a vent'anni ha perduto la vita, e che fa crollare tutte le finzioni difensive dell'uomo, costringendolo a riconoscere la sua sciagura e a far esperienza del «lutto».

È come se solo la voce della donna — di una donna semplice, umile, già «in nero» — materializzi davanti agli occhi del padre l'evento, la cui realtà egli non voleva, non poteva accettare:

> Il vecchio si voltò a guardarla con quegli occhi atroci, smisuratamente sbarrati. La guardò, la guardò, e tutt'a un tratto, a sua volta, come se soltanto adesso, a quella domanda incongruente, a quella meraviglia fuor di posto, comprendesse che alla fine, in quel punto, il suo figliuolo era veramente morto per lui, in quel punto, s'arruffò, si contraffece, trasse a precipizio il fazzoletto dalla tasca e, tra lo

---

[6] L. Pirandello, *Novelle per un anno, op. cit.*, vol. II, t. II, Mondadori, Milano 1957, p. 77.
[7] *Ivi*, p. 681.

stupore e la commozione di tutti, scoppiò in acuti, strazianti, irrefrenabili singhiozzi[8].

L'atteggiamento diverso della protagonista esprime e riattiva nell'uomo un'altra disposizione dell'animo. Una disposizione che la cultura maschile, tenacemente ed ostinatamente, ha messo a tacere, perché sul suo silenzio ha costruito il sistema monovalente e monolitico dei propri valori: i valori che le hanno permesso di assumere, nei confronti del mondo, un atteggiamento di dominio e di manipolazione, che la parola femminile manda in mille pezzi.

La struttura di superficie del testo, apparentemente lineare, sottende una più complessa struttura profonda. La guerra, l'onore della patria, il rischio dei figli, l'angoscia dei genitori sono esperienze durissime: ma esse sono anche le occasioni per cogliere un livello di senso dell'esistenza più profondo, più umano: il senso espresso dallo sconvolgente effetto psicologico provocato, nel padre, dall'incrinarsi del suo meccanismo di rimozione.

Lo scarto tra la sistemazione razionale degli avvenimenti e la loro esplosione all'interno della situazione psichica del personaggio maschile istituisce lo spessore drammatico della loro configurazione nel linguaggio metaforico del testo.

Quando la dissoluzione dell'involucro della personalità — quale è la maschera — non si verifica, il personaggio rimane bloccato in una rigidità marmorea, da «statua». Prigioniero di una forma, egli vive come in un «paradosso»: il mondo gli si presenta, cioè, sotto sembianze paradossali. Più che conseguenza di una *impasse* del pensiero, come si è tradizionalmente reputato, questa visione distorta delle cose, prossima alle allucinazioni del paranoico, è il risultato di una deviazione dell'attività interiore. È la deformante identificazione narcisistica dei propri desideri con gli oggetti, con le persone, con le

---

[8] *Ivi*, p. 681.

situazioni reali, la cifra bianca, sottesa alla cifra nera del tanto ragionare o sragionare dei protagonisti pirandelliani.

La loro eloquenza fluida, ridondante, retorica, non esprime sollecitazioni profonde. Scaturita da una simulazione di realtà — la realtà loro e degli altri — essa poggia su una identità astratta, inesistente, e si realizza nelle forme di una lingua impersonale, convenzionale, stereotipa. La funzione, nei testi dello scrittore, del tanto parlare, tanto elucubrare dei personaggi, non è quella di manifestare, di esprimere un modo di essere, ma è, piuttosto, l'indizio del loro «non essere» le persone che credono e fanno credere di essere. La struttura significante del linguaggio non trasmette più il significato, che si deposita nel senso nascosto, inafferrabile e incomunicabile, che ciascuno attribuisce alle proprie parole. La relazione linguistica, istituita sui valori normativi, omologati e uniformi impedisce che l'esperienza vera di chi sta parlando trapassi nei segni del linguaggio e diventi comunicazione. Il codice, divenuto inattivo, rende impossibile l'intendersi:

Ma se è tutto qui il male! Nelle parole! — afferma il Padre nei *Sei personaggi in cerca d'autore* — abbiamo tutti dentro un mondo di cose; ciascuno un suo mondo di cose! E come possiamo intenderci, signori, se nelle parole ch'io dico metto il senso e il valore delle cose come sono dentro di me; mentre chi le ascolta, inevitabilmente le assume col senso e col valore che hanno per sé, del mondo, come egli l'ha dentro? Crediamo d'intenderci; non c'intendiamo mai![9].

L'inerzia del modello linguistico produce lo slittamento del linguaggio artistico dal livello oggettivo al livello soggettivo quale è realizzato dall'avanguardia novecentesca con la disgregazione della grammatica e della sintassi. Nelle modalità di rappresentazione di Pirandello «la vuota astrazione delle parole» assume una forma negativa: essa è configurata ed espressa nell'esasperazione della reciproca incomprensione.

---

[9] *Op. cit.*, vol. I, atto I, p. 87.

L'interesse che suscita il personaggio pirandelliano non consiste, pertanto, in quello che dice, ma in quello che sta sotto o oltre il suo dire. Non è il detto ma il non detto o il dicibile a fornire la mappa del senso del testo. Le frasi pronunciate testimoniano la non verità loro e di chi le pronuncia e connotano di espressività il silenzio.

La funzione invertita tra la parola e il silenzio è il fondamento del paradosso cognitivo che determina la sconvolta interpretazione della realtà da parte dello scrittore.

Da strumento di comunicazione, di espressione di sé all'«altro», la parola si riduce a una cascata di rumori. Da espressione di sentimenti, di pensiero, si trasforma in inganno. Da mezzo di relazione, di rapporto, si rovescia in un strumento di isolamento.

Le parole divengono la difesa e la tragedia del personaggio, la barriera che non gli consente di avvicinarsi agli altri, al mondo, e che lo confina in una cella: il recinto invalicabile della malattia, dell'alienazione, dove egli si aggira smarrito, delirante, come entro un labirinto di cui ha perduto la mappa.

È l'ignorare la loro identità — marito, vedovo, madre non più madre — che impedisce, nella novella *La signora Frola e il signor Ponza suo genero* (1917), alla signora Frola e al signor Ponza, di comprendere chi è, in realtà, la giovane donna: prima moglie, seconda moglie, figlia, seconda moglie del genero? Chi sa? Scoprire la verità di lei, presuppone un atto preliminare, il quale non avviene, non può avvenire. Sarebbe necessario che la Frola e il Ponza comprendessero chi sono loro stessi e accettassero di essere quelli che sono.

La straordinaria intuizione che sorregge Pirandello, nella stesura di questo testo — uno dei più difficili, ma anche uno dei più emblematici —, è che la verità dell'altro è direttamente proporzionale alla condizione di «verità» di chi vede l'altro. Chi non conosce se stesso non incontra, non riconosce il diverso da sé, gli altri. Rimovendo, occultando la verità loro, il loro essere reale, i protagonisti della novella, non possono conoscere nessuno. L'estranearsi dal proprio sé stende un velo sull'identità altrui: la metafora sarà il volto velato della giovane, alla chiusura dell'ultimo atto del dramma, *Così è (se vi pare)* (1917) — che è la successiva rielaborazione teatrale della novella.

I personaggi non possono conoscere nessuno, in quanto conoscere è ri-conoscere. Conoscere l'identità delle altre persone è un conoscere nuovamente, un riconfermare la propria identità. Solo la dinamica identità-alterità, alterità-identità, rende possibile l'atto conoscitivo reale, che si fonda sul riconoscimento della differenza tra la propria persona e la persona altrui, e che come afferma Simone Weil, permette di scoprire che «le cose e gli esseri esistono»[10]. In ogni altro caso, l'altro si configura come una proiezione del soggetto: non è se non un suo fantasma interiore. Come dirà, poi, Lacan, è l'identificazione ideale e alterata dello stadio dello specchio, in cui il soggetto psichicamente immaturo si costruisce simbolicamente nella funzione di un «io» immaginario.

Al di là del gioco delle verità diverse dei protagonisti, la non presenza — nello spazio della novella e nella scena teatrale — della giovane donna, assume la valenza simbolica della sua assenza nello scenario psichico di coloro, che, paradossalmente, se ne contendono il possesso a livello di realtà. E giustamente: la metafora letteraria è la raffigurazione formale dell'implicito del testo: il terzo personaggio, la donna giovane, non è un sé, non è un lei, ma è un loro: non esiste che come proiezione di una parte loro: «io — afferma il personaggio femminile ignoto, in chiusura del testo — sono colei che mi si crede».

La non comunicazione instaura in Ponza e nella Frola un meccanismo perverso. L'impossibilità di comprendersi e di verificarsi, la perdita della misura del confronto li fa precipita-

---

[10] Lettera a J. BOUSQUET, in *Tre lettere a J.B.*, aprile-maggio 1942, «Cahiers du Sud», n. 304, 1950, pp. 421-423.

re, gradualmente, ma inesorabilmente in uno stato di separatezza che è la soglia dell'alienazione di sé dal mondo e del mondo da sé. L'«assenza», in loro, della figura femminile, costituisce lo spazio del loro dramma percettivo e psichico, che la scrittura pirandelliana rende paradigmatico: la dimensione della follia in cui le immagini di sé diventano estranee e gli aspetti delle cose si presentano stravolti, sconvolti. È questo il luogo mentale delle domande senza risposte, dell'interrotto monologo, del delirio di chi è tanto prigioniero di sé da non vedere che le proprie ombre.

Il salotto borghese diviene la stanza della tortura, come ha scritto Giovanni Macchia[11], quale sarà la reggia di cartapesta di *Enrico IV* (1921): il personaggio pirandelliano che attraversa nel modo più dilacerante i percorsi irrimediabilmente divergenti della realtà di sé e della finzione di sé. Se la pazzia «patologica» aveva condotto il protagonista a credere se stesso un altro — Enrico IV appunto — è il recupero della normalità, paradossalmente, a immetterlo in una dimensione psichica più sconvolgente e allucinante della malattia. Egli, da sano, percepisce la frattura irreparabile fra sé e la realtà: il suo io, gli altri, tutto il suo universo gli appaiono scomposti, frantumati in una molteplicità di immagini perturbanti, dileggianti e senza senso: uno squadrone di fantasmi, che lo insegue, togliendo la pace alle sue veglie, ai suoi sonni: «Io ho sempre tanta paura quando di notte me le vedo davanti — tante immagini scompigliate che ridono, smontate da cavallo»[12].

L'immagine che il personaggio ha di sé e delle cose, esclude, molto spesso, la sua personale elaborazione. Essa risulta plasmata su un'astrazione, su una sublimazione in valori e ideali, che stanno fuori di lui, oltre quello che lui è. È questa stessa immagine a denunciare l'arresto della sua creatività e la

---

[11] Cfr. G. MACCHIA, *Pirandello. La stanza della tortura*, Mondadori, Milano 1981.
[12] In *Maschere nude, op. cit.*, 1975[6], vol. I, atto II, p. 370.

paralisi della sua conoscenza entro la griglia delle categorie di uno schema mentale convenzionale e aprioristico, che omologa l'attività intellettuale e blocca l'energia individuale. Sono l'arresto e la paralisi che non permettono il processo di trasformazione e di evoluzione della coscienza e che impediscono la scoperta di altre, imprevedibili, ma possibili modalità di esistenza. Di qui nasce l'estraneamento da sé e dal mondo, il cui meccanismo produce il comportamento alienato e alienante dei personaggi — soprattutto dei personaggi maschili. Le domande che essi dovrebbero porsi — su se stessi, sul senso della loro esistenza, sul significato delle loro azioni — non vengono formulate. Essi preferiscono nascondere il disagio del non sapere, con lo spostamento difensivo di una strategia cerebrale, che trasforma ciò che non si vuol sapere in ciò che non si può sapere: la X di una insolubile equazione matematica. È lo spostamento, che blocca l'esistenza entro i confini di una prigione senza uscita.

La «resa» delle figure pirandelliane all'«assurdo» del mondo è, pertanto, la riduzione del loro conoscere al «saper sociale». È la sospensione dell'interrogarsi; la remissione dei desideri, delle inclinazioni ai luoghi chiusi, ai valori della coscienza collettiva, alle imposizioni e alle norme prescritte da un Super-Io, omologo ad essa e sovrapersonale. Sono le norme di una cultura statica e rigida a determinare nei personaggi l'impossibilità di essere autonomi, di accettarsi per come sono e, di conseguenza, di affrontare l'esistenza, prima che fuori, dentro se stessi, ove ha origine l'iniziazione a nuovi percorsi, a nuove dimensioni.

Impossibilità è incapacità; ed essa ha la sostanza di una disfatta, che si tinge dei colori dell'illimitata sofferenza, qual è la sofferenza che produce il senso di colpa per le proprie inadempienze.

Sofferenza di loro che non è loro, che è solo del loro creatore e che egli proietta su di essi. I personaggi, infatti, per lo più, non sono in grado di varcare la soglia che divide la zona dell'infelicità dall'esperienza del dolore. Il dolore è determinato solo dalla qualità e dalla profondità del sentimento: non è la perdita, ma la sua elaborazione; non è la morte, ma il lutto per essa.

Il dramma pirandelliano si staglia, dunque, non sullo sfondo di un ordine naturale, né su quello di una condizione esistenziale. Esso è costruito sulla scena, modernissima e anticipatrice di immani tragedie successive, del dominio e della manipolazione del collettivo sul singolo, del sociale sull'individuale. Ma — e qui sta la carica originale e rivoluzionaria dello scrittore — nella loro struttura, il collettivo, il sociale non sono collocati all'esterno del personaggio. Essi sono una parte sua: la parte che egli ha introiettato, come propria, ma che è, viceversa, un modello di pensiero e di comportamento indotto e non prodotto da lui.

L'ambito del conflitto si sposta, con ciò, dall'esterno all'interno. Si apre lo scenario interiore di una lacerata, complessa condizione psichica di scissione. Da una parte, infatti, i personaggi tendono a mimetizzarsi, a raggelarsi dietro una maschera. Dall'altra stimoli, pulsioni ignote, che, qualche volta, improvvisamente, emergono in loro — come illuminazione di un altro se stesso sconosciuto — li spingono a reimmergersi nel flusso della vita, che d'un tratto e quasi per caso li riafferra, per sperimentarla senza difese razionali, senza resistenze, senza volontà. È un desiderio inconscio, ma irresistibile, di entrare nel suo movimento ondoso, disorganico, imprevedibile. Quella vita, come afferma Kafka «che passa su una corda, che non è tesa in alto, ma rasoterra. Sembra fatta più per inciampare, che per essere percorsa».

La gratitudine verso l'avvocato Francesco Laleva — l'unico che l'avesse aiutato nei momenti drammatici della sua esistenza — è il sentimento in cui inciampa Don Ciccino Cirinciò, il protagonista de *La Maschera dimenticata* (pubblicata nel 1918, con il titolo *Come Cirinciò per un momento si dimenticò di esser lui*). Il senso di riconoscenza impone a Don Ciccino di dimettere il cupo e chiuso atteggiamento di indifferenza, di estraneità, assunto dopo le sciagure che lo hanno colpito, e lo spinge a sostenere attivamente la candidatura politica del figlio del suo protettore. Ed è durante la campagna elettorale che Cirinciò rivela ai suoi concittadini e a se stesso disposizioni, intenti, capacità di cui né lui stesso né gli altri lo ritenevano dotato e che lo rendono l'artefice del successo del candidato: «Il fatto è che operò miracoli in quel paesello dove nessuno lo conosceva. E certo perché nessuno lo conosceva»[13]. Egli rivela un altro se stesso, sconosciuto a lui e agli altri:

> Cose che non avrebbe mai supposto non che di poter dire, ma neppure di pensare lontanamente, gli venivano alle labbra, spontanee, con un'abbondanza e facilità di parola, un'efficacia d'espressioni, che ne restava lui stesso come abbagliato. Pareva che una vena nuova di vita gli fosse rampollata dentro, e si fosse messa a scorrere in lui con urgenza impetuosa[14].

Il prorompere di tante energie «ancor vive e ignorate, da anni e anni compresse in lui» gli fanno dimenticare la vecchia maschera e lo reimmettono nella esistenza.

Ma la maschera, che il protagonista è riuscito a strappare, sopravvive non solo nel giudizio degli altri, ma anche in lui stesso. Essa è ormai diventata una sua dimensione. Sarà sufficiente, pertanto, proprio durante la serata organizzata in suo onore, che gli occhi di un individuo qualunque, di uno «squallido ometto contorto», gli rammemorino come era, perché il protagonista precipiti di nuovo nell'antico sconcerto, nell'antico raggelamento.

Se, a livello manifesto, la novella sembra costruita intorno al conflitto tra come il personaggio è e come è visto dagli altri, le procedure narrative delineano, di questo conflitto, un movimento ulteriore che lo carica di senso diverso. La dicotomia tra il protagonista e gli altri si trasforma nella dicotomia

---

[13] In *Novelle per un anno, op. cit.*, vol. II, t. I, 1990, p. 107.
[14] *Ivi*, p. 108.

tra la maschera, che egli ha interiorizzato, e la tensione interna, rimossa e repressa, che, all'improvviso, come una nuova vita, mette in crisi la fissità, altera la forma del travestimento, del quale, tuttavia, egli non è in grado di dissolvere l'ombra. Il contrasto tra il personaggio e l'immagine esterna, sociale si traduce, così, nel testo, nel dissidio profondo, insanabile fra la doppia realtà che don Ciccino sente in sé:

> Pur tra il fervore entusiastico dell'accoglienza, si sentì ferire fin da principio da quegli occhietti [...] si sentiva pungere da fissità quasi spasmosa di quegli occhietti persecutori; e, appena punto, raggelare, sconcertare, rimescolar tutto da un sentimento oscuro che, facendogli impeto rabbiosamente, gli occupava come d'una tenebra di vertigine il cervello. [...] avvertiva internamente che non gli era più possibile ormai tenersi fermo, ché tutto, dentro, gli vagellava, non tanto per la persecuzione di quegli occhietti, di cui in fine non aveva nulla da temere, quanto perché... perché non lo sapeva bene lui stesso[15].

Lo sguardo altrui funziona come una superficie che riflette fantasmi antichi, dei quali il personaggio non sa, non può liberarsi. Essi vengono da «dentro», sono suoi e per questo hanno il potere di ricatturarlo, di costringerlo a riprodurre il meccanismo inconscio di negazione, di occultamento, il quale torna a estraneare, a separare Cirinciò dalla vita e gli fa riassumere la «maschera dimenticata»: «Non era timore, non era vergogna; ma si sentiva come tratto di dentro a nascondersi e a scomparire da quella festa»[16].

La separazione, nell'individuo, tra le istanze della natura e gli schemi costruiti dalla cultura — di volta in volta intesi come deviazione e fuga, sublimazione e rimozione — quale era stata ripresa dalla tradizione filosofica e analizzata da Schopenhauer, Nietzsche e Freud, lo spirito del tempo la fa confluire, anche se con molte e differenti mediazioni, nella teoria

---

[15] *Ivi*, pp. 109-110.
[16] *Ivi*, p. 110.

pirandelliana della frattura forma-vita. La volontà inconscia di Schopenhauer, il tragico di Nietzsche, l'inconscio di Freud sono le premesse, latamente culturali e mediate, della funzione negativa che lo scrittore attribuisce alla maschera. L'aspetto unilaterale della coscienza — reciso dalla dinamica psichica — che l'individuo offre nella costruzione dei rapporti intersoggettivi e nella relazione con sé, non configura che il ruolo, che la società attribuisce, e non prescrive che il contegno, imposto da questo ruolo. Accettare questo ruolo e questo contegno è l'inganno che l'uomo tende a se stesso, attraverso l'illusione di essere diverso da come è e di vivere in un mondo identico a sé, duplicazione di sé: come era stato bene individuato dai precursori della psicoanalisi, e quale è stato descritto, poi, in una forma finora insuperata, da Freud:

> Nel corso dei tempi l'umanità ha dovuto sopportare due grandi mortificazioni che la scienza ha recato al suo ingenuo amore di sé. La prima, quando apprese che la nostra terra non è il centro dell'universo, bensì una minuscola particella di un sistema cosmico che, quanto a grandezza, è difficilmente immaginabile. Questa scoperta è associata per noi al nome di Copernico, benché già la scienza alessandrina avesse proclamato qualcosa di simile. La seconda mortificazione si è verificata poi, quando la ricerca biologica annientò la pretesa posizione di privilegio dell'uomo nella creazione, gli dimostrò la sua provenienza dal regno animale e l'inestirpabilità della sua natura animale. Questo sovvertimento di valori è stato compiuto ai nostri giorni sotto l'influsso di Charles Darwin, di Wallace e dei suoi precursori, non senza la più violenta opposizione dei loro contemporanei. Ma la terza e più scottante mortificazione, la megalomania dell'uomo è destinata a subirla da parte dell'odierna indagine psicologica, la quale ha l'intenzione di dimostrare all'Io che non solo egli non è padrone in casa propria, ma deve fare assegnamento su scarse notizie riguardo a quello che avviene inconsciamente nella sua psiche. Anche questo richiamo a guardarsi dentro non siamo stati noi psicoanalisti né i primi né i soli a proporlo, ma sembra che toc-

chi a noi sostenerlo nel modo più energico e corroborarlo con un materiale empirico che tocca da vicino tutti quanti gli uomini[17].

La frattura pirandelliana tra la forma che non è vita e la vita che non è forma non appartiene però alla filosofia e non appartiene alla clinica. Non è un manifesto per correggere l'imperialismo del sapere e non è una terapia contro l'eccesso delle passioni.

L'immaginario artistico dell'autore disegna uno spazio altro: lo spazio in cui la vita — la vita comune di tutti i giorni, la quotidianità, che è lo spazio privilegiato di Pirandello — non è se non nelle rappresentazioni che gli uomini ne fanno a se stessi. Il termine «rappresentazione» è un prestito schopenhauriano e una consonanza con il linguaggio freudiano. E Pirandello lo utilizza per spostare, dal piano astratto e assoluto dell'intelletto al livello concreto e relativo della coscienza, la divaricazione tra il mondo e le forme, che, nel loro processo percettivo e cognitivo, i personaggi attribuiscono a quello. Gli inganni, pertanto, non sono altro che le parvenze della realtà, che, soprattutto i personaggi maschili, costruiscono dentro di sè: le simulazioni che creano per difendersi, per occultarsi. E la «verità», a cui essi sono in grado di pervenire, quando affiora e disorganizza il modo d'essere maschile, configurando altre possibili forme di coscienza, non è mai la capacità di individuare l'origine dell'inganno. Essi possono solo avvertire dolorosamente la perdita, lo scacco della loro esistenza nei momenti in cui riescono ad ascoltare e a interpretare il linguaggio interiore che sillaba il senso del loro vissuto. Il senso particolare, individuale, che la vita riveste per ciascuno e che è inafferrabile al livello degli accadimenti esterni.

Ne *L'eresia catara* (1905), per esempio, è il doloroso disadattamento psichico e morale di Bernardino Lamis a condur-

---

[17] S. Freud, *Introduzione alla psicoanalisi*, Boringhieri, Torino 1978, pp. 258-259.

re il lettore entro il meccanismo di scissione tra realtà e fantasia che agisce nel personaggio e lo disloca in un mondo immaginario[18].

La lezione, che Lamis si prepara a fare ai suoi studenti contro l'interpretazione che un eminente storico tedesco, il Von Grobler, ha dato della setta religiosa medioevale, si presenta come un intervento scientifico, e il contrasto tra il Lamis e il Von Grobler appare come un contrasto tra due studiosi. Ma il testo rovescia, nel suo intreccio, il livello esterno della situazione e ritrascrive la vicenda nella complessa valenza soggettiva che essa assume per il protagonista. L'argomento del suo intervento rappresenta infatti per il Lamis molto più che una polemica accademica. Il movimento cataro, con l'esigenza di rinnovamento, con il rifiuto della compromissione col potere, con la severità del pensiero, con l'ascetismo e l'austerità che configura, è l'esperienza storica in cui il personaggio proietta le proprie aspirazioni, le proprie illusioni. Nelle sequenze del racconto, l'eresia diviene il punto di riferimento oggettivo, esterno che permette di penetrare nello scenario interiore del personaggio, di conoscere le ragioni profonde della sua separatezza dal mondo, della sua estraneità ai valori della sua epoca, della sua orgogliosa, anche se impotente autoemarginazione da una realtà, non accettata e negata. Le procedure narrative ampliano e trasformano una posizione intellettuale nella rappresentazione delle modalità con cui Lamis vive e sente la vita. La fedeltà ai propri principi, l'attenzione esclusiva alla sua verità, che lo isolano dal contesto sociale e dalla comunità scientifica, i suoi costumi francescani, il senso del dovere verso gli orfani e la vedova di suo fratello, che lo riducono in povertà, perdono gradualmente il carattere di malinconiche fantasie di un solitario, di un sognatore, e in essi, impercettibilmente e insensibilmente, si riattiva una con-

---

[18] Per un'analisi critica de *L'eresia catara*, cfr. M. TESTI, in «Diffrazioni», Rivista del Dipartimento di Culture Comparate, Facoltà di Magistero, L'Aquila, n. V, 1992, diretto da Luciana Martinelli, e dedicato a L. Pirandello.

testazione in certo senso analoga a quella svolta dai Catari. La nostalgica figura di uno studioso emarginato, di professore senza studenti e senza credito, la donchisciottesca battaglia contro gli idoli del presente, la lezione di astratto rigore, di inattuale coerenza morale, che nessuno è disposto ad ascoltare, a seguire, si mutano progressivamente e paradossalmente nelle forme di un'eresia involontaria. Senza immaginarlo, senza saperlo, Bernardino Lamis, proprio in quanto non omologo all'ambiente in cui vive, diviene una figura di contrasto: un personaggio del passato, l'ultimo esponente di una civiltà scomparsa, travolta dall'ansia di affermazione e di successo della società moderna. Come in un Demetrio Pianelli, rivisitato e tolto dalla *couche* del suo sconsolato intimismo psicologico, la dislocazione del personaggio pirandelliano si trasforma in un modo di sentire anomalo, eccentrico rispetto alla stolida insipienza degli altri, al conformismo collettivo, alla passiva aquiescenza alle convenzioni e ai rituali coattivi di un'epoca.

Quando, nella sequenza cardine della novella, il docente, infiammato dalla propria tesi, non si accorge che, invece che a studenti, sta tenendo lezione ad abiti vuoti, è il senso implicito, metaforico a rompere l'atmosfera desolata della scena e a mostrare l'intenzionalità comico-drammatica dell'autore, il cui effetto di deformazione dell'apparenza — con un rovesciamento di luoghi e di linguaggio già teatrali — è però spostato dall'oratore al suo uditorio di fantasmi. Lamis crede, s'illude di parlare a persone, ma queste in realtà non sono che forme vane: «Una ventina di soprabiti impermeabili, stesi qua e là ad asciugare nella buja aula deserta formavano quel giorno tutto l'uditorio del professor Bernardino Lamis»[19].

Sono gli eventi interiori, pertanto, quelli che, secondo Pirandello, formulano l'immagine della realtà che l'individuo possiede e dicono la sua presenza in esso, come egli afferma

---

[19] In *Novelle per un anno, op. cit.*, vol. I, t. II, 1985, p. 847.

nell'*Umorismo* (1908) e in altri suoi scritti critici. Ma è lo scenario aperto dalla formidabile percezione fantastica dello scrittore a sorreggere l'impianto del teorico e a spostarne oltre i risultati.

Quanto più Pirandello si inoltra nei meccanismi devastanti dell'«inganno di vivere», che producono il vuoto, la mancanza di senso degli infelicissimi casi di tanti suoi personaggi, tanto più le fantasie dell'artista assumono spessore espressivo. Queste conferiscono infatti capacità di visione allo sguardo di chi scorge altro, sotto le rigide forme costruite dalla ragione. Sono queste fantasie ad attribuire valore di infrazione conoscitiva ed emozionale agli atteggiamenti di coloro che, in varia forma, in diversa misura, si sottraggono alla simulazione di una logica immanente nelle cose e non dissimulano l'angoscia di fronte all'irrompere del mistero dell'esistenza, davanti all'enigma delle loro segrete disposizioni interiori, in cui il tempo si dissolve e il senso della vita si modifica. «L'ombra nera», «paurosa», il «silenzio», come è scritto nell'*Umorismo*, che circondano l'individuo, e che sono rischiarati, interrotti a tratti dalla «favilla», da Prometeo rapita a Giove. E questa favilla non è che la capacità di «sentire» che l'uomo possiede, e a cui qualche volta si affida, in un'occasione qualsiasi, e che gli permette di scoprire la propria indeterminatezza e di vivere la propria vita come una esperienza aperta e interminabile.

È attraverso la scrittura, pertanto, che l'autore traduce in situazioni concrete, in scelte e comportamenti, il dilemma della vita, la cui soluzione non è offerta da verità accertate o accertabili, ma dal campo illimitato delle possibilità: le possibilità dell'uomo — che sono il suo destino. Un destino che spesso non coincide, può non coincidere mai, con la storia, quale lui è stato in grado di costruirsi.

È così che, nella organizzazione del materiale narrativo, i fatti del narrato si rendono indipendenti dall'empiria, dall'accadere esterno, e il dettato s'istituisce come la resa verbale del caleidoscopio di mascheramenti e svelamenti, di sdoppiamenti e raddoppiamenti, attraverso cui i fenomeni reali si proiettano e si articolano nel processo psichico. La certezza e la perspicuità della verità non risiedono più nell'oggetto in sé, ma nella sua rappresentazione interiore, di cui il testo fornisce l'ordito.

Ciò che si vede e si sente, attraverso le percezioni esterne, ciò che si conosce, attraverso il pensiero, è reale, ma non è vero. Vero è ciò che la fantasia autoriale rappresenta nella struttura paradigmatica di modelli multiformi e polisemici: il «personaggio». Esso non è reale a livello di realtà; è vero nella sua significazione metaforica: rappresenta la coincidenza di quanto è inafferrabile nel fluire delle cose ed è inconciliabile nell'apparenza — illusione e sostanza, forma e movimento, finzione e verità, sentimento e riflessione — che la vita sfilaccia in un susseguirsi di moti irrelati: una volta così una volta colà, ora qui ora là, adesso si è e poi non si è, un momento autentici, un momento simulatori. In questa *coincidentia oppositorum* si colloca il passaggio pirandelliano dalla categoria del comico alla teoria dell'umorismo.

Nel momento in cui i protagonisti si spostano da ruolo di reggitori del filo delle trame a propri oggetti — divengono cioè i personaggi di se stessi — essi abbandonano la linearità del linguaggio superficiale della coerenza per assumere la circolarità del linguaggio profondo della contraddizione. Il linguaggio dove le interferenze, reciprocamente disturbanti, provocano l'alterazione del procedimento logico della comunicazione e la trasformano in un altro sistema espressivo, che è il prodotto dell'interazione simultanea delle funzioni della coscienza con quelle non consapevoli. Questa è la verità del personaggio, in particolare dei personaggi femminili: la verità della contraddizione, che Pirandello attinge quando rende autonomo il personaggio dal suo progetto conscio e si affida a lui, anzi si fa lui. E mediante lui «mette in scena» le proprie fantasie. Le fantasie nelle quali l'ignoto diviene noto, l'indicibile viene detto e quanto è inverosimile acquista le valenze del possibile.

Ed è questo possibile ad animare, nell'invenzione pirandelliana, il «silenzio della vita» e ad alludere a quanto sta oltre, al di là dell'«umana ragione»: il virtuale del mondo psichico, l'orizzonte di un universo sommerso, latente, la cui dimensione non può mai essere perfettamente espressa, e mai esaustivamente compresa. La condizione interiore è infatti talmente lata, talmente vasta e sovradeterminata da sfuggire a ogni definizione, sia da parte del soggetto scrivente sia da parte del destinatario. Soltanto nell'illimitata potenzialità fantastica di Pirandello e in un'infinita disponibilità di «ascolto» del lettore, i fantasmi evocati troveranno il loro spazio e il loro accoglimento.

Nel sogno, molto di frequente, la persona del sognatore è sostituita da altre figure, il cui agire e il cui dire rivelano la condizione psichica di chi sta sognando. Nello stesso modo, la parte profonda propria — in nessun altro modo attivabile da Pirandello se non proiettandola sul personaggio — veste i panni di quello, si esprime nelle sue parole:

> Senza volerlo, senza saperlo, nella ressa dell'animo esagitato, ciascuno d'essi [i personaggi]... esprime come sua viva passione e suo tormento quelli che per tanti anni sono stati i travagli del mio spirito[20].

È il personaggio e, per quel che riguarda la mia analisi il personaggio femminile, a svelare un'altra logica, un altro sapere, che permette all'autore di entrare nelle zone sue insondate.

Il procedimento immaginario dello scrittore, riproducendo, a livello di struttura formale, la dinamica del lavoro oniri-

---

[20] Prefazione aggiunta all'edizione definitiva di *Sei personaggi in cerca d'autore* nel 1925. Cfr. «Maschere nude», *op. cit.*, vol. I, p. 60.

co, fa del personaggio il suo psicopompo. Come l'antico dio greco (Ermes o Apollo), conduttore delle anime nel regno delle ombre, il personaggio mette lo scrittore in contatto con la sua ombra — le sofferenze, le memorie dolorose, le omissioni, le resistenze sue segrete —.

Ti vagano davanti sconnesse le immagini accumulate in tanti anni — afferma Diego in *Ciascuno a suo modo* (1924) — frammenti di vita che forse hai vissuta e che t'è rimasta occultata perché non hai voluto o potuto rifletterla in te al lume della ragione; atti ambigui, menzogne vergognose, cupi livori, delitti meditati all'ombra di te stesso fino ai minimi particolari, desiderii inconfessati: tutto, tutto ti riviene fuori, ti sbòmica, e ne resti sconcertato e atterrito[21].

E il confronto interminabile dell'autore con la figura polimorfica del personaggio, apre gradualmente lo scenario ove avverranno le epifanie. Le epifanie che il giovane Pirandello attribuiva alla magia degli spiriti — come non ricordare a questo proposito i sortilegi di Sidora, che, nelle pagine iniziali (poi espunte dal testo) de *L'esclusa* (1901) evoca le Donne che «venivano a chiamarla, se la portavano via con loro in ispirito»[22]? Sembra che sia lo stesso spirito, lo spirito femminile del mondo, la potenza magica delle «Donne» ad alimentare la fantasia dello scrittore — «la servetta sveltissima... che si chiama Fantasia» come egli dice nella Prefazione ai *Sei personaggi*, la quale, bizzarra, imprevedibile, ambigua, dà vita alle sue creature immaginarie e alle loro metamorfosi infinite. Svelandosi e rivelandosi, queste creature fantastiche danno forma e voce al suo inconscio — che in nessun altro modo a lui si rivela, se non attraverso le loro parole, i loro gesti, le loro «passioni». È quanto accade nello struggente colloquio con la madre «ombra solo da ieri», che l'autore rievoca nella memoria, seduta nel seggiolone della casa lontana. La rimemorazione

---

[21] In *Maschere nude, op. cit.*, vol. I, atto I, p. 619.
[22] Cfr. Note a *l'Esclusa*, in L. PIRANDELLO, *Tutti i romanzi*, Mondadori, Milano 1973, *op. cit.*, vol. I, p. 884.

della sua figura suscita nell'autore la nostalgia dolorosa di quell'amore indimenticabile e insostituibile, che è stato il fondamento della vita affettiva e del desiderio di amore di sé, fanciullo. Il fanciullo, che ancora sente e parla sotto le fattezze dell'uomo pensoso, il quale piange la morte della madre e, con quella, la perdita irrecuperabile della condizione di figlio. La condizione che produce in ciascuno il sentimento più antico e più profondo di esistere per qualcuno, e quindi di essere:

Mamma! Io piango perché tu, Mamma, tu non puoi più dare a me una realtà. È caduto a me, alla mia realtà, un sostegno, un conforto. Quando tu stavi seduta laggiù in quel tuo cantuccio, io dicevo: — «Se Ella da lontano mi pensa, io sono vivo per lei». — E questo mi sosteneva, mi confortava. Ora che tu sei morta, io non dico che non sei più viva per me; tu sei viva, viva com'eri, con la stessa realtà che per tanti anni t'ho data da lontano, pensandoti [...] ma vedi? è questo, è questo, che io, ora, non sono più vivo, e non sarò più vivo per te mai più![23].

Il legame d'amore con la madre e il rimpianto inestinguibile di lei, trasformano la sua immagine in una figura interiore d'amore. Essa è l'ombra femminile benigna, protettiva che è all'origine della relazione mai interrotta dello scrittore con la sfera dei sentimenti, con i luoghi e con i simboli archetipici. «Ogni manifestazione d'amore contiene una componente dell'amore per la madre» scrive Bachelard[24].

È questa figura, sempre presente, sempre viva in lui a produrre in Pirandello la disposizione affettiva profonda, la quale conferisce forza di verità, sostanza di pietà e di pena ai tanti suoi drammi e attribuisce all'opera sua il potere di coinvolgimento emozionale, di seduzione immaginaria che possiede ed esercita sempre.

---

[23] *Colloquii coi personaggi* in *Novelle per un anno*, Mondadori, Milano 1957, *op. cit.*, vol. III, t. II, 1990, p. 1152.
[24] G. BACHELARD, *Psicoanalisi delle acque* (1942), Red Edizioni, Como 1987, p. 98.

In coerenza con quanto esposto sopra, la mia indagine prende l'avvio dalla convinzione che gli effetti del profondo dissidio, colto e rappresentato da Pirandello, siano stati tanto emotivamente inquietanti e tanto artisticamente trasgressivi — da liquidare il romanzo e la novella italiani tradizionali e da rivoluzionare il teatro europeo — perché essi, prima che nei contenuti, hanno agito nella forma della loro espressione. O, per meglio dire, l'originalità dei temi scaturisce dall'originalità dell'impianto costruttivo.

La struttura delle opere pirandelliane veniva offrendo, infatti, il modello di una rappresentazione letteraria che, al di là di tracciare il percorso mentale dell'autore, costituiva la *mise en scene* di un suo processo psichico, attraverso cui egli scopriva altre possibilità di essere e di sentire e che si formalizzava nelle modalità di un'invenzione dissolutrice dei meccanismi percettivi e cognitivi della cultura dominante. Per quello che sappiamo noi ora del rapporto tra attività psichica e conoscenza, è legittimo ipotizzare che sia stato proprio quel processo ad alimentare la straordinaria tensione conoscitiva che lo scrittore comunica ai suoi lettori e ai suoi spettatori.

Il presupposto del presente lavoro è che la conflittualità e la lacerazione psicologiche, presenti in tanti drammi, possano essere la proiezione, mediata dai procedimenti scrittorii, di eventi interiori. Sarebbe l'autore a fornire il personaggio allo scrittore o, più correttamente, rovesciando, il personaggio pirandelliano rappresenterebbe la successione e le metamorfosi delle immagini che l'autore veniva scoprendo ed elaborando di se stesso. Là dove, come si è detto in precedenza, l'autore è colui che inventa il manifesto della *fiction*, lo scrittore è colui che, nel costruire il testo, allenta la coerenza logica delle sequenze espandendole, spesso inconsapevolmente, in direzioni altre, spostando l'accento su tonalità latenti, aprendo varchi al rimosso, al non detto, così da trasformare il senso e da creare un livello semioticamente plurisotopico e semanticamente ambiguo.

Ma, indipendentemente dalla volontà di chi narra, vige il principio che quel che è detto è detto, e che tutto ciò che è notato è notabile.

Autore-scrittore, scrittore-autore: siamo già entro la dinamica del doppio, davanti ai sortilegi dello specchio, tra le scene di una rappresentazione, che se non è ancora quella reale del teatro, ne costituisce il modello.

È evidente che il proposito non è una volgare quanto impossibile psicanalizzazione dell'uomo empirico che fu Luigi Pirandello. Il progetto, anche se ambizioso, mira altrove: al *de te fabula narratur*. L'intenzione, cioè, è di individuare attraverso quali modalità, nell'attività artistica, che è l'attività creativa e liberatoria per eccellenza, Pirandello, abbia dato forma distinta ed espressiva — rendendoli dicibili e pertanto riconoscibili ed esorcizzabili — ai fantasmi silenti, alle angosce confuse, ai mostri, insomma, che si annidavano nella coscienza individuale del suo tempo, e a cui non era ancora possibile dare la parola, se non in grazia di una portentosa energia immaginaria quale fu quella dello scrittore siciliano.

Il luogo configurato dall'immaginario dello scrittore entro i suoi testi — nella dinamica del doppio, nel contrasto della costruzione spaziale, dentro *vs* fuori, spazio topico *vs* spazio utopico, nello scollamento tra forma e vita, nel conflitto tra le varie immagini di sé, nello strappo della maschera — è, per parafrasare un'espressione del linguaggio psicologico, lo spazio del doppio svelamento. Lo svelamento della maschera, che è la rimozione, la deformazione, il raggelamento dell'esistenza, prodotti dall'atteggiamento maschile della coscienza. Lo svelamento dell'esistenza, come energia, come flusso inarrestabile, come processo interminabile delle forme quale è percepito e vissuto dalla disposizione psichica, femminile, dell'animo.

Il percorso di apprendimento che la sua opera trascrive si basa pertanto su un paradosso, che è il paradosso cognitivo fondamentale di Pirandello: la ricerca è sempre inappagata, ma proprio in quanto inappagata è inarrestabile. È questo paradosso a conferire alla dissoluzione della «persona» il senso, nuovo, trasgressivo, che assume nell'attività scrittoria dell'autore. Un senso che ha consumato definitivamente l'«antico» e che esprime il «nuovo», come linea d'ombra: come ciò che è, ma che è ancora nascosto, è ancora celato e che si manifesta o sotto forma di rifiuto — dire di no a tutto ciò che è stato, a come è stato, per predisporsi, dentro, a ciò che sarà — o sotto forma d'interrogazione — che è la forma grammaticale dell'incertezza. È la mappa di un'esplorazione nelle terre ignote del non conscio, del non consapevole che è già iniziata, anche senza saperlo e senza conoscere la direzione e la meta.

Questa è la sfida di Pirandello a una cultura insediata nell'edificio deperibile della certezza, della durata e della stabilità: un porsi «oltre la linea», un andare al di là, che ha un senso straordinariamente prossimo a quell'«oltre» cui allude Dostoevskij, quando afferma:

> Tutta la realtà non si esaurisce nel presente, poiché una grandissima parte è racchiusa in esso sotto forma di parola futura, ancora nascosta, ancora non detta.

Capitolo terzo

Silvia Roncella

In un mio saggio sul romanzo di Pirandello, *Suo marito*, del 1911[1], ho cercato di dimostrare quanto una lettura di primo grado dell'opera, fondata esclusivamente su quel che il testo esplicitamente enuncia, non potesse svincolarsi da una valutazione psicologica dei personaggi, Silvia e il marito Giustino, e da un giudizio meramente contenutistico della loro vicenda. Il romanzo, a livello letterale, si presenta come la contrapposizione tra la concezione dell'arte come valore puro, disinteressato, propria di Silvia, scrittrice famosa, e la riduzione del prodotto di lei a merce, a strumento di *escalation* economica e sociale, operata da Giustino.

Da tale ottica nasce l'incertezza su quale sia il protagonista della vicenda. Il ruolo di Silvia appare infatti legato a una concezione preindustriale, tradizionale dell'artista, antecedente alle leggi del mercato e della riproduzione. Un periodo in cui l'artista era il detentore di qualità superiori, in virtù delle quali perveniva a una autonoma ed elitaria realizzazione del proprio destino e di se stesso, distinguendosi dalla massa, che la mediocrità dei sentimenti e dell'immaginazione, condannava alla subordinazione ai valori livellati e dominanti della società organizzata. Giustino, per contrasto, appare come il rappresentante del momento di diffusione del prodotto arti-

---

[1] L. MARTINELLI, *Silvia Roncella: un personaggio al femminile*, in «I segni e il vuoto», Giunti & Lisciani, Teramo 1985.

stico, che, sottoposto alle leggi, ferree e ineludibili del mercato, del lavoro, del guadagno, travolge il rapporto tradizionale tra autore e pubblico, tra intellettuale e società. Il nucleo narrativo del romanzo è, in tal modo, collocato nella collisione storico-psicologica della coppia oppositiva Giustino-Silvia. La scalata al successo intrapresa dal marito, che si adegua passivamente alle modificazioni in atto nell'assetto sociale, si pone contro la salvaguardia del privato, contro la difesa dell'intimità della moglie, che, aderendo emotivamente alle proprie istanze psichiche, respinge la pressione esercitata su di lei dall'esterno, dal pubblico[2]. Privilegiando, nel conflitto tra i protagonisti, l'antitesi tra la subordinazione acritica di Giustino alle regole dominanti, fino al limite della caricatura, e la difesa strenua, che Silvia fa della sua vocazione, che riconduce il personaggio quasi nell'area patetico-sentimentale della tradizione tardo-romantica, il romanzo è stato giudicato per lo più come un momento ambiguo e non risolto della problematica pirandelliana.

Il contrasto palese tra il «sentimento» della vita e le «forme» storiche di essa fanno rientrare, di pieno diritto, *Suo marito* nell'iter dello scrittore siciliano. Ma attribuire a Silvia il ruolo di eroina di una intimità violata, di una spiritualità perduta, di una idealità disinteressata — e, soprattutto, di una aspirazione a una pratica salvifica dell'arte, come strumento privilegiato di difesa dal crollo dei valori, come argine contro la natura concreta e materiale dei rapporti intersoggettivi e come indignata contrapposizione all'integrazione sociale, rappresentata da Giustino — sposta l'interpretazione della vicenda narrativa entro un'ottica arretrata. Ottica arretrata sia rispetto alla precedente elaborazione teorica di Pirandello del saggio *L'Umorismo* e delle teorizzazioni di *Arte e Scienza*, sia rispetto alla maturazione della sua poetica.

Pur senza pretendere di utilizzare, in questa sede, le cate-

---

[2] M. RICCIARDI, *Il posto di Suo marito nel romanzo pirandelliano*, in *Il romanzo di Pirandello* (a cura di Enzo Lauretta), Palumbo, Palermo 1976.

gorie complesse della narratologia, possiamo, comunque, porre come presupposto del nostro discorso lo strappo che la nuova metodologia ha prodotto da una considerazione esclusivamente psicologica dei personaggi e da una valutazione meramente contenutistica delle opere. L'individuazione dei protagonisti come funzioni, che portano avanti la strategia narrativa di uno scrittore, ha senza dubbio rivoluzionato i criteri con cui condurre l'analisi del ruolo, da essi giocato, all'interno del romanzo. Nel senso, appunto, che, come funzioni, essi tracciano percorsi narrativi che si integrano, si separano, si scompongono, come la biforcazione dei sentieri nel giardino di Borges[3], per ricomporre quella realtà di secondo grado — immagine della realtà in un'altra realtà — quale è il messaggio letterario. I personaggi, allora, si spersonalizzano; nel senso che essi si svincolano dall'univocità statica della teoria del rispecchiamento, e acquistano valenze multiple. Le valenze che li rendono vettori del senso del discorso letterario, in cui agiscono come diversità di codici interagenti, che creano la complessità e la ambiguità del testo. Il gioco dei punti di vista all'interno dell'atto comunicativo narrativo — l'«io» e «l'altro» e insieme l'«io» che si riconosce come l'«altro» —, la natura delle azioni e i loro rapporti — alla luce delle attuali teorie di analisi testuale[4] — possono essere considerati gli elementi privilegiati per individuare il campo immaginario e simbolico dell'autore, che la scrittura istituisce. È la scrittura ad attrarre nella sua struttura formale sia la realtà pre-testuale — la situazione storica e l'esperienza individuale dell'emittente — sia la realtà culturale — le modalità di una determinata cultura — che essa traduce in un altro sistema di segni, dotato di proprie leggi e di proprie significazioni, il quale viene consegnato

---

[3] J.L. Borges, *Il giardino dei sentieri che si biforcano* (1941), in *Finzioni*, Einaudi, Torino 1955.
[4] C. Segre, *Semiotica filologica*, Einaudi, Torino 1979; I.M. Lotman, B. Uspenskij, *Semiotica e cultura*, Ricciardi, Milano 1975; I.M. Lotman, *Testo e contesto*, Laterza, Bari 1980.

all'ampio spettro, diacronico e sincronico, della interpretazione del destinatario.

Il conflitto Silvia-Giustino è costruito dall'autore come funzione della analisi dei temi, che particolarmente impegnano Pirandello, nel periodo in cui scrive il romanzo. E questi sono il nesso arte-società, il rapporto fra scrittore e pubblico, tra interiorizzazione e esteriorità, tra energia interiore e forma sociale, tra valenza femminile e valenza maschile, tra flusso dell'esistenza e sua rappresentazione.

Perché dal rapporto tra le due polarità — Silvia e Giustino — scaturisca la contraddizione, che regge lo svolgimento narrativo e dà connotazione alla vicenda, è necessario che entrambe vengano colte nel loro reale punto di interazione. E il testo offre la chiave per una corretta interpretazione. Se Giustino è, come è, l'anti-Silvia, Silvia non può essere che l'anti-Giustino e non il pre-Giustino. Il ruolo della protagonista è infatti quello di contrapporre alla utilizzazione pubblica dell'opera d'arte, che abilmente il marito gestisce, una problematica che si ponga al livello sincronico di quella utilizzazione, di cui Giustino è pienamente e correttamente consapevole:

Opera mia, non ti figurare! Sono io... tutto opera mia... Quello che fa lei... ma sì, niente, sarebbe come niente... perché la cosa... la... la letteratura, capisci? è una cosa che puoi farla e puoi non farla, secondo i giorni... Oggi ti viene un'idea; sai scriverla, e la scrivi... Che ti costa? Non ti costa niente! Per se stessa, la letteratura, è niente; non dà, non darebbe frutto, se non ci fosse... se non ci fosse... se non ci fossi io, ecco! Io faccio tutto. E se lei ora è conosciuta in Italia...[5].

L'ottica di Giustino, espressa attraverso il discorso diretto, qui, come in altri brani del romanzo, introduce alla prospettiva da cui si può dedurre una sorta, se non di superiorità, al-

---

[5] L. PIRANDELLO, *Tutti i romanzi*, op. cit., vol. I, p. 671.

meno di complementarità tra Silvia e il marito. E questa induce il lettore a riflettere sulla vera sostanza della loro frattura. A mettere sulla strada giusta interviene la focalizzazione della situazione su Silvia:

> C'era però qualcosa dentro di lei, uno spiritello pazzo, che non pareva, perché lei stessa non voleva ascoltarne la voce né seguirne le monellerie [...] Ella vedeva bene che il marito non la comprendeva, o meglio, non comprendeva di lei quella parte che ella stessa, per non apparir singolare dalle altre, voleva tener nascosta in sé e infrenata, che ella stessa non voleva né indagare né penetrare fino in fondo. Se un giorno questa parte avesse preso in lei il sopravvento, dove l'avrebbe trascinata?[6].

Qual è dunque la preoccupazione di Silvia? Cosa crea il disagio che essa prova? Apparentemente — e certamente per buona parte — lo sfruttamento del marito. Il motivo profondo è però diverso: è il terrore che il lavoro, per le energie che esso attiva e mobilita, faccia emergere la parte segreta di lei. Essa paventa che sia illuminata quella zona interiore, che, secondo le dinamiche dell'inconscio, Silvia rimuove, perché sente che in essa si annida la minaccia di «quello spiritello pazzo», di cui non vuole ascoltare la voce, nel timore che quella voce la conduca oltre le soglie della convenzione culturale e sociale.

Nel passaggio da una narrazione interamente oggettiva a una narrazione, a intermittenza, soggettiva — che è testimoniato dall'interruzione frequente del racconto diegetico, dall'uso dell'indiretto libero, dell'imperfetto, del condizionale passato, che rendono le modalità della focalizzazione interna, cioè del punto di vista del personaggio — si attua il passaggio, fondamentale nel romanzo, da uno svolgimento condotto esclusivamente dal narratore, sull'asse di un'opposizione monovalente Giustino-Silvia, all'inserzione in esso della prospettiva dei protagonisti. È Silvia che, a tratti, guida la narrazione

[6] *Ivi*, p. 644.

nei meandri del suo dramma interiore, sostituendosi così all'autore onnisciente e diventando, essa stessa, fonte di informazione. La complessità, che la figura di Silvia man mano assume, disegna, nel più articolato iter della vicenda, l'organizzarsi della fabula in intreccio.

Nel percorso, che essa compie per prendere coscienza di se stessa, Silvia acquista una varietà, una molteplicità e una simultaneità di valenze, mentre Giustino rimane costantemente legato a un ruolo fisso. Di qui le estraneità crescenti tra i codici comunicativi dei due personaggi.

Quanto più egli la «spinge», la «forza» al lavoro, nella prospettiva di «insperati guadagni», quanto più le organizza la vita, le compra e le arreda la casa, la costringe ad abbandonare il figlio, favorisce il suo rapporto con lo scrittore Gueli — che essa tiene lontano per paura dell'attrazione, che istintivamente questi le ispira — tanto più egli mette in moto un meccanismo di resistenza, che accelera il processo di sviluppo delle energie di lei e determina quel conflitto interiore, profondo e insanabile, che indurrà Silvia ad abbandonare definitivamente il marito. Abbandono di Giustino, ma abbandono, insieme, della prima rappresentazione che lei ha foggiato di se stessa. La propria falsa coscienza, d'altro canto, pone Giustino in un contrasto immaginario con una Silvia, che non è più quella con cui egli si ostina a confrontarsi. Complementarmente, la distruzione dell'immagine, che egli (ma insieme Silvia stessa, all'inizio) si era artificiosamente costruito della moglie, rende progressivamente impossibile l'identificazione che egli aveva stabilito con lei. E questa impossibilità, quando si rivelerà a Giustino in modo definitivo, finirà con il sottrargli tutte le motivazioni del suo esistere e del suo agire, sanzionando così la dissoluzione del ruolo astratto, che egli si era arbitrariamente attribuito. È un gioco di specchi e di figure riflesse, di cui la prima vittima è Giustino stesso: egli ha dato sostanza ad apparenze transeunti; egli ha immobilizzato la realtà nella fissità statica e inespressiva della maschera. Chi, al contrario, come Silvia vive lo sdoppiamento, anzi, la molteplicità del suo essere e non ne dissimula il dramma a livello della coscienza, anzi ne fa oggetto della riflessione, rappresenta il polo di esperienza alternativa, che si attiva nella funzione che il personaggio svolge nel testo.

L'opposizione Giustino-Silvia diviene, in tal modo, l'opposizione tra la maschera (Giustino), che codifica, istituzionalizza, fissa l'apparente e Silvia, che se ne libera nel momento in cui accetta di essere non quello che pensa di essere, non ciò che vuole essere, ma ciò che sente, ciò che può essere.

Il viaggio di Silvia, dalla capitale a Cagiore, ha il duplice senso di trasferimento reale e insieme di iter interiore tra il «fuori» e il «dentro» del personaggio. Ad autorizzare tale ipotesi è il diverso rapporto che Silvia stabilisce con le cose che la circondano. In un gioco di prospettive tra autore e personaggio, il paesaggio naturale, nell'ottica di Silvia, perde le tonalità di maniera, cui si attiene la descrizione autoriale di Pirandello e diviene lo scenario fenomenico di una varietà e di una molteplicità di eventi mentali che desemanticizzano l'ordine spaziale e temporale esteriori e producono un proliferare di valenze simboliche. Il bianco, l'alto, l'acqua, la luna, il silenzio, l'oscurità, il bosco, la valle — come poi Bachelard dimostrerà nei suoi studi, fondamentali per cogliere la relazione tra attività immaginativa, attività psichica e i segni del mondo — trascrivono, attraverso le associazioni mentali e le analogie inconsce che suscitano nella protagonista, le modalità in cui il mondo esterno e il mondo interiore si squadernano in immagini molteplici, variabili e insospettate.

L'inafferrabilità e la fluidità del mondo, riconducono all'inafferrabilità, alla fluidità della protagonista, e l'inafferrabilità, la fluidità di lei sono complementari alla inafferrabilità e fluidità del mondo, in una circolarità, messa bene in evidenza dalla triplice iterazione del sintagma «dov'era?», nel IV paragrafo del capitolo IV (*Dopo il Trionfo*), cui corrisponde emblematicamente l'iscrizione sull'orologio in una casa di campagna che recita *Ognuno a suo modo*[7]. La disgregazione dell'unità della coscienza individuale produce e insieme deriva dall'impossibilità di coordinare, in una interpretazione organica, ciò che accade nel soggetto e ciò che è il suo polo estraneo, l'oggetto.

L'elaborazione interiore di Silvia spiega il passaggio dalla prima fase della sua opera di scrittrice alla seconda. Fase che culminerà nella stesura del dramma *Se non così* (dramma dello stesso Pirandello del 1916). La relativizzazione dell'esperienza individuale e la consapevolezza che gli avvenimenti umani non possano essere giudicati secondo astratti e assoluti criteri razionali, ma «piuttosto a seconda di speciali impulsi affettivi e di oscure tendenze»[8] introducono la trama del dramma nella trama del romanzo — dove quella è tutta descritta — in una sorta di storia nella storia. L'intreccio narrativo si amplia e intesse il filo che congiunge il piano di Silvia al piano dell'autore, il quale, nella seconda parte del romanzo, narrativizza, in quella del personaggio, la propria ottica e la propria ricerca. Ciò può spiegare allora la ragione per cui la Roncella è rappresentata come autrice di opere che saranno, poi, di Pirandello stesso.

Silvia non rappresenta l'artista preborghese, legato alla nostalgia dell'arte, al rimpianto del «guscio» che preserva l'intimità e la spiritualità individuale dall'affermarsi della legge della mercificazione e del guadagno. La sua vicenda soggettiva di donna e di scrittrice assume, viceversa, il significato di indicare quali condizioni permettono lo sviluppo della creatività emozionale e artistica entro la convenzione dei rapporti e dei ruoli, che la società istituisce e immobilizza. Solo la forza, che la protagonista ha, di seguire, entro se stessa, sentieri psichici e intellettuali alternativi e trasgressivi, la svincola dalla dipendenza del giudizio degli altri e insieme dalle sue stesse resisten-

---

[7] *Ciascuno a suo modo* sarà il titolo della commedia di L. Pirandello del 1924.
[8] Cfr. *L'Umorismo*, in L. Pirandello, *Saggi, poesie, scritti varii*, Mondadori, Milano 1973, p. 149.

ze interiori, dalla falsa coscienza di sé. È una scelta pagata con il prezzo del crollo delle illusioni: l'illusione del ruolo sociale di moglie, di amante, l'illusione dell'amore e l'illusione che la gloria ripaghi degli affetti perduti.

Solo quando cade il velo delle false idealità, delle finzioni, quando cessa la simulazione, si attinge il senso profondo, contraddittorio e pertanto non coordinabile in un concetto, organico e plausibile, dell'esistenza. Non a caso, dunque, l'amore materno sprigiona in Silvia tutta la sua carica emozionale, proprio nel momento in cui ella si trova davanti alla bara di suo figlio: momento nel quale «l'amor vitae» (amore di sé e della sua creatura) è generato, come contrappunto, altamente drammatico, dalla terribile potenza della morte, rivelatrice della imperdonabile offesa che Silvia ha recato a se stessa, violando i propri sentimenti, non rispettando i doveri verso chi amava.

Alle illusioni, alle finzioni, si sostituisce l'accettazione del proprio destino di persona, che è destino di sofferenza e di solitudine:

> Ah, se avesse potuto sentire allora il suo nome gridato così, ella avrebbe trovato la forza di resistere a ogni tentazione; sarebbe rimasta lì col suo piccino, in quel nido di pace fra i monti, e il suo piccino non sarebbe morto, e nessuna delle cose orrende che erano avvenute, sarebbe avvenuta [...] era sicura che Giustino, se ella avesse voluto, si sarebbe strappato dalle braccia della madre, da ogni ritegno di amor proprio, per ritornare a lei. Ma no: ella non voleva; per lui e per sé non doveva! Ora anche l'ultimo vincolo tra loro era stato spezzato dalla morte[9].

Silvia non deve e non può tornare indietro. La sua scelta è una scelta inevitabile affinché lei percorra il suo iter e afferri la sua realtà, mettendo in moto la dinamica, che sarà all'origine della capacità di tradurre in scrittura il mondo vitale dei propri fantasmi e di realizzare in potenza espressiva la

---

[9] *Suo marito, op. cit.*, p. 864.

rappresentazione e i simboli, generati dall'attività della sua anima:

> Avvertiva confusamente che non poteva e non doveva essere più qual'era stata finora; che doveva buttar via per sempre quel che d'angusto e di primitivo aveva voluto serbare alla sua esistenza, e dar campo invece e abbandonarsi a quella segreta potenza che aveva in sé e che finora non aveva voluto conoscere bene[10].

La creatività di Silvia è, certo, la creatività dell'artista, ma di un'artista che diviene tale perché ha recuperato il nucleo, profondo e originale, del suo universo femminile, perché è diventata creatrice di sentimenti e di pensieri autonomi.

Attraverso questo recupero, acquisito dalla coscienza, Silvia conquisterà la suprema virtù: l'umiltà del pensiero. È l'umiltà di accettare se stessa, per quello che realmente è, a renderle praticabile il confronto con gli altri, non sulla base della simulazione e/o della astrazione mistificante, ma sulla base della comprensione della complessità e contraddittorietà dei suoi e degli altrui casi, dei suoi e degli altrui sentimenti.

L'identità della donna non si costituisce né sul modello primitivo e istintivo, in cui secolarmente essa si è chiusa per difendersi dalla pressione esercitata su di lei dalla cultura maschile, né sulla sostituzione della sua immagine con l'immagine dell'uomo. Essa deve individuare se stessa e costruire di sé una rappresentazione autonoma[11]. E il viaggio di Silvia è un viaggio verso la sua rappresentazione. In questo quadro, la stessa maternità, nel personaggio, esce dal mito sublimante della concezione deformante della femminilità codificata e diventa funzionale alla potenzialità affettiva e immaginativa della donna e del ruolo che essa svolge nei confronti dell'universo maschile. La maternità del personaggio non è una denotazione, ma è una connotazione narrativa: essa offre una ulte-

---

[10] *Ivi*, p. 738.
[11] M.L. Von Franz, *Il femminile nella fiaba*, Introduzione, Boringhieri, Torino 1983.

riore occasione alla protagonista per attivare il proprio punto di vista, che rappresenta il nucleo dinamico nell'ordito narrativo. È il suo diverso sentire che le suggerisce che «stupidi», il suo bambino e la sua maternità, «non sarebbero più stati solo a patto che ella... ne facesse una bella creazione»[12].

Sono rotti gli schemi familiaristici e gerarchici tra i ruoli dell'uomo e quelli della donna. La maternità acquista valore non a livello della riproduzione, subordinato al livello della «produzione», ma quando diviene un fattore che realizza la personalità femminile, che arricchisce le sue potenzialità emotive, che crea nessi più profondi e originali entro la multiformità e la complessità della sua esistenza.

La distanza, pertanto, che si stabilisce tra Silvia e il marito (rigido interprete della superiorità maschile e del suo potere, che impongono modelli, comportamenti, valori), si arricchisce di significazioni ulteriori, che dilatano nell'intreccio il contrasto tra arte e sua mercificazione, che è solo della fabula.

Tra Silvia e Giustino si crea una diacronia di ordine culturale. Giustino — succube delle imposizioni di ruoli e funzioni, dominato da un attivismo indifferenziato, arrogante verso gli altri, e attraversato dagli altri — è nettamente superato dalla elaborazione di Silvia, che analizza le sue ragioni e quelle degli altri, che controlla la propria attività e che, pertanto, non è più disponibile a essere guidata, condizionata, spinta a «fare» ciò che non riconosce come proprio desiderio e propria esigenza.

Paradossalmente, il contrasto arte-vita si rovescia a vantaggio di Silvia: è lei infatti ad esperire come l'arte nasca sul terreno mobile e dinamico di un rapporto aperto tra il soggetto che crea e una realtà di affetti, di sensazioni, di partecipazione, di esigenze, di dolore — che è una realtà soggettivizzata e interiorizzata. Uno scenario interiore che sfugge, del tutto, all'ottica esteriore, monovalente e statica del marito, sorretta

---

[12] *Suo marito, op. cit.*, p. 725.

dai valori, razionalizzati e pubblici del successo, dell'affermazione, del riconoscimento sociale.

In questa direzione di lettura, Silvia diviene la protagonista del romanzo. E il titolo *Suo marito* è perfettamente aderente alla tematica che esso affronta. Non è un caso, allora, che Pirandello abbia scelto una donna come personaggio portatore di una tematica così avanzata.

Questa scelta è la spia, piuttosto, che l'autore intenda procedere oltre *L'esclusa* (1901, prima edizione in volume) — come le protagoniste di tante novelle e di tante commedie testimoniano — a una rivalutazione della figura femminile. Quella figura che la letteratura italiana ottocentesca e primonovecentesca aveva schiacciato tra il ruolo del «sacrificio» — che simbolizzava il rifugio dell'uomo — e il ruolo di «perdizione» — che simboleggiava il rischio —: entrambi delimitati dalla linea di oscillazione della valenza maschile tra il polo masochista e il polo sadico. Non è femminismo *ante litteram* quello di Pirandello. È piuttosto la definizione di una concezione antropologica e psichica diversa, che individua la differente funzione dell'elemento maschile rispetto all'elemento femminile e la loro interazione: il rapporto complesso tra le valenze dell'«anima» e quelle dell'«animo» — come teorizzerà Jung — all'interno di ogni singolo soggetto. Solo in una relazione dinamica tra queste valenze coesistenti, l'individuo può trovare l'equilibrio interiore necessario ad affrontare la vita non come astratta generalità di idee, ma come realtà di affetti e di sentimenti, come partecipazione al suo movimento aperto e molteplice.

Capitolo quarto

Da Silvia alla Nestoroff

Se la struttura di *Suo marito* denuncia un forte legame con la tradizione narrativa e pone il romanzo, certamente, ad un livello di realizzazione artistica diverso da *Il fu Mattia Pascal*, è tuttavia legittimo affermare che Silvia è una figura centrale nell'opera pirandelliana: essa anticipa infatti di quattro anni, rispetto a *Si gira...* (1915)[1], il romanzo sperimentale e più nuovo dello scrittore, il processo interiore di una coscienza estraniata. L'iter di Silvia continua e si sviluppa nell'esperienza più complessa e sotterranea di Serafino Gubbio. Nelle modalità espressive del suo tormentato monologo e nella tecnica deformante della rappresentazione soggettiva degli eventi, Serafino ripropone, da un unico punto di osservazione, quella schizofrenia tra estraneità e interiorità, tra alienazione e consapevolezza, tra mistificazione e autocoscienza, tra apparire ed essere, che in *Suo marito* si articola nella divaricazione tra la «non persona», che è rimasto Giustino, e la «persona» che è divenuta Silvia.

---

[1] Il romanzo uscì a puntate ne «La Nuova Antologia» e, in volume, presso Treves nel 1916. Riveduto e corretto fu pubblicato nel 1925, presso Bemporad, col titolo *Quaderni di Serafino Gubbio operatore*, e come ristampa di tale edizione nel 1932 presso Bemporad. Per l'argomento di questo libro si è ritenuto opportuno tenere presente la redazione dei *Quaderni*, citando dall'edizione adottata da Giovanni Macchia e Mario Costanzo in L. PIRANDELLO, *Tutti i romanzi*, voll. 2, Mondadori, Milano, *op. cit.*

Da questa prospettiva acquista una diversa valenza anche la storia di Marta Ajala, la protagonista de *L'esclusa* — il primo romanzo dell'autore. La vicenda di Marta è stata per lo più intesa dalla critica come la rappresentazione della paradossalità «umoristica» delle norme di una società, che costringono Rocco — il marito di Marta — a cacciarla di casa quando è ingiustamente sospettata di adulterio e a riaccoglierla, anni dopo, quando l'adulterio è stato consumato e la conseguenza è il figlio, che lei aspetta e di cui tace a Rocco l'esistenza. In questa lettura, il motivo conduttore è individuato nella raffinata, ancorché inconscia, vendetta di Marta che ripaga con adeguata moneta l'onta che le è stata inflitta. Con ciò il romanzo si collocherebbe ancora nella tradizione narrativa del secondo Ottocento (ricordiamo i romanzi fiorentini e milanesi del primo Verga) ricca dei sentimentali martiri, di amanti e mogli, tradite e abbandonate.

In realtà, l'allontanamento della protagonista e la successiva riammissione nel tetto coniugale sono gli espedienti narrativi che, a livello di fabula, permettono lo svolgimento nell'intreccio di un altro tema, quello che l'autore ha intuitivamente colto, al di là della comprensione razionale del problema: l'iter di Marta da una condizione di passiva subordinazione al ruolo maschile (il marito, il padre, il suocero), depositario dell'immagine simbolica della legge, dell'autorità — inflessibili, sorde financo alla voce del sangue, dell'amore, della pietà — a uno stato di autonomia psicologica. L'angosciosa situazione della protagonista, dopo il ripudio del marito, dopo la morte del padre (colpito da ictus cerebrale per l'«ignominia» della figlia) e il conseguente aborto; le difficoltà del riadattamento sociale; il peso economico della sorella e della madre; la dura ripresa degli studi; i rischi e le ipocrisie che il mondo del lavoro riserva a una donna; la delusione della relazione sentimentale si configurano come le tappe di un processo di crescita interiore. Esse sono le prove che Marta deve affrontare, che deve elaborare emotivamente per costituirsi una struttura psichica sufficientemente solida che le permetta di riprendere il rapporto con Rocco sulla base del suo significato reale. Smascherata la simulazione con se stessa di un mondo irreale dove sono permessi atteggiamenti infantili e reazioni immature, Marta si colloca nel ruolo di una adulta, che fa i conti con le ambiguità, la conflittualità, la fluttuazione della vita. In questo diverso contesto, il ritorno da Rocco assume il valore di una scelta motivata e consapevole.

L'altra valenza psichica del femminile, di cui Pirandello ebbe straordinaria e profonda intuizione — la valenza del femminile negativo — che alimenta, da sempre, i fantasmi maschili della madre terrificante, dell'amante-mantide, della donna portatrice di distruzioni e di morte (quella simbolizzata nella serie delle figure della mitologia classica), il livello conscio della scrittura dell'autore l'ha trasformata ed emblematizzata nei ruoli perversi di alcune sue protagoniste. Ad esempio, la Nestoroff di *Si gira...* . Il romanzo ha corso il rischio, come è dimostrato da molte sue interpretazioni, di essere assimilato alle tante opere antifemministe dell'epoca — che sono state il prodotto del complesso di diffidenza della cultura maschile dominante verso la donna, concepita quale minaccia all'ordine mentale e alla integrità morale e psicologica dell'uomo. Che, inoltre, nel libro, il personaggio femminile negativo impersoni il ruolo dell'attrice è sembrato ad alcuni prolungare il pregiudizio secolare della morale confessionale — ereditato dalla più angusta mentalità borghese — la quale ha sempre associato il mondo del teatro con la trasgressione e, in particolare, ha identificato la professione dell'attrice con una vita disdicevole. In opere posteriori (per esempio in *Ciascuno a suo modo* e in *Questa sera si recita a soggetto*) questo pregiudizio anti-teatro, di natura misogina, diventerà, in Pirandello, una prospettiva interna al testo, che l'intreccio s'incaricherà di smontare, rivelandone il meccanismo proiettivo di tabù e di paure. Già in *Si gira...*, tuttavia, se si segue dall'interno il processo immaginario dell'autore, ci si rende conto che l'autore ha fatto saltare l'analogia attrice-donna immorale e ha sciolto la fissazione del simbolo negativo femminile, articolandolo nella dinamica delle sue multivalenze. La Nestoroff, infatti, è presentata all'inizio, sul piano di realtà, con la maschera terribile della «femmina» spietata, dotata di un fatale potere di seduzione — che la sua origine e il suo nome rendono ancor più enigmatico e misterioso — la quale dissemina la carriera trionfale dell'attrice di sventure e di dolori. Ma l'esplorazione del labirinto della sua coscienza dilacerata fa cadere la maschera e a mostrarsi è un volto devastato, che rivela la fragilità, la tensione emotiva, il dolore di una donna estraneata, spossessata della propria femminilità e della propria vita. La scelta della protagonista di portare all'estremo la propria arte scenica fino ad annullare la donna nel personaggio di uno sconvolto scenario mentale si presenta allora come una metafora. La metafora (che avrà ampi sviluppi nella produzione dell'autore) della dissociazione che si è prodotta nel suo universo psichico e di cui il momento, l'atto della recita sono simultaneamente la estrinsecazione esteriore, la materializzazione visibile e la rivelazione.

La dinamica tra la simulazione dell'attore sulla scena e la dissimulazione che, in essa, egli fa della sua persona reale è il fondamento dello spazio ambiguo del teatro, che Pirandello dilaterà fino alle massime potenzialità e trasformerà nel modello dei procedimenti della coscienza umana.

La «teatralità» è il momento di coincidenza esemplare fra finzione e annullamento. Il momento che in *Trovarsi* (1932) — ove il tema raggiunge la massima espressione — produce il dramma di Donata — l'attrice protagonista —, la sua «pena di non essere»:

... l'aver voluto salvare l'orgoglio dell'attrice che vuol vincere sola, per quel che vale — questa presunzione di credere che quanto c'era in me di nuovo, di vivo nella mia arte, questo soltanto e nient'altro mi dovesse bastare per vincere... — ho vinto, sì, ho vinto sola — oh, sola come in cima a una montagna, nel gelo... — mi sveglio, apro gli occhi in mezzo a un silenzio e a una luce che non conosco, e a cose che per me non hanno senso... — che donna sono più? com'è? com'è? che sento? dove mi trovo? che ho nelle mani, che non ho più nemmeno la forza di sollevarle? quest'orgoglio di aver vinto? sì come un macigno, buono soltanto da legarmelo al collo per affogare[2].

Nell'identificazione totale con la vita immaginaria dei suoi personaggi scenici, Donata ha annullato se stessa e la propria vita: quella se stessa e quella vita che ora deve *trovare* per poter esistere come donna:

...Conosco troppo la mia faccia; me la sono sempre fatta, troppo fatta: ora basta! ora voglio la «mia», così come è [...] perché io sono stata sempre vera... sempre vera... ma non per me... ho vissuto sempre come al di là da me stessa; e ora voglio essere «qua» — «io» — «io avere una vita mia, per me... devo trovarmi»![3].

Attivato in un romanzo sul cinema e sull'attrice cinematografica e modificato da tema a struttura del testo, è questo processo di simulazione-dissimulazione che in *Si gira...* ha la funzione di produrre e di rivelare insieme l'ambiguità della protagonista. Da un lato, ci sono, infatti, la figura mondana, di successo, la donna desiderata e viziata — la vincitrice, insomma — che ha messo a buon frutto le regole maschili dell'affermazione, della manipolazione e che ha sapientemente costruito la «forma» femminile socialmente vincente: la forma del suo personaggio sulla scena e di sé nella vita. Dall'altro lato, è il procedimento stesso della realizzazione filmica a mostrare l'artificiosità di quella forma-maschera e a far trasparire, sotto di essa, la rimossa, celata sensibilità della donna. Una sensibilità sopraffatta dalla violenza, cui è stata sottoposta dai miti narcisistici del suo delirio di potenza, che è straordinariamente omologo all'esercizio del potere maschile su di lei. Reificata dagli uomini in oggetto di piacere, la Nestoroff prolun-

[2] *Trovarsi*, in «Maschere nude», *op. cit.*, vol. II, a. II, p. 950.
[3] *Ivi*, p. 931.

ga ed estende oltre la scena gli effetti della loro reificazione, costruendo, in sé e di sé, l'immagine di quel piacere.

La Nestoroff dunque è portatrice di due strutture psichiche: è un doppio, che riproduce la dinamica dei famosi doppi letterari di Goethe, di Dostoevskij, di Chamisso, di Poe, di Stevenson, ecc. Le varianti tuttavia sono notevoli. La prima è che a sdoppiarsi, a duplicarsi, nel romanzo, sia l'immagine di una donna. La seconda è la funzione, il valore del suo doppio.

Il sosia, il gemello, l'altro costituiscono luoghi o livelli dell'inconscio che, emergendo, si oppongono conflittualmente alla condizione conscia e disintegrano l'unità dell'io, precipitandolo nell'abisso della follia. La Nestoroff, viceversa, si scinde nelle due polarità oppositive dell'archetipo femminile — la positiva e la negativa — quale la fantasia dell'uomo si rappresenta. La Nestoroff fatale e funesta e la Nestoroff fragile e dolente potrebbero anche essere considerate come stadi diversi dello sviluppo della psicologia femminile: la Madre terribile, che imprigiona e distrugge — la femminilità inferiore — si trasforma nella femminilità superiore, che attiva il mondo di sentimenti sconosciuti e dà voce a ciò che si cela nell'inconscio. Ma la simultaneità con cui l'autore presenta le due immagini della protagonista — e il loro viluppo inestricabile, il continuo sovrapporsi dell'una sull'altra, il costante sfumare dell'una nell'altra — suggerisce più l'ambiguità di una stessa figura che non lo sviluppo di una persona o la differenza tra due persone a livelli differenti.

Dal momento che la Nestoroff è una creatura di Pirandello, che è lui a produrla così e alla fine a farla morire, si può arguire che l'ambiguità del personaggio altro non sia se non l'ambiguità con cui esso è vissuto dal suo autore. La sua ambiguità, ne consegue, è l'ambiguità verso il femminile di Pirandello stesso, che egli proietta sulla sua eroina: Pirandello ama e teme la Nestoroff. La ama, ne intuisce il dramma, ne è affascinato, sedotto e la raffigura donna. La teme e, poiché il timore rinforza l'aggressività, la uccide.

Ma — e questo è il carattere particolare che il problema riveste in Pirandello — la Nestoroff *c'est soi*: ovverosia il conflitto tra un femminile positivo amato e un femminile negativo temuto è la forma con cui si manifesta nella dinamica dell'inconscio autoriale, la sua valenza femminile, la voce della sua anima. L'immagine della femminilità è vissuta nell'esperienza psichica sua come immagine doppia e conflittuale: ora figura materna, regressiva e mortifera, che castra e genera angoscia e terrore; ora simbolo dell'energia naturale e interiore. E l'ambivalenza dell'immagine si struttura nelle fantasie contraddittorie di fuga e di eros, di desiderio e di incubo, di aspirazione alla vita e di rifiuto del mondo, di ricerca della salvezza e di dominio della morte che costellano il romanzo. Il meccanismo difensivo del transfert induce però lo scrittore a oggettivare questa immagine interiore sua in una figura «altra»: le sue manifestazioni discordi, le sue espressioni difformi egli le attribuisce all'incoerenza del personaggio. È così che l'autore inconsciamente produce, a livello di invenzione, il meccanismo di occultamento della propria realtà con cui il protagonista-narratore del romanzo, Serafino, respinge da sé e proietta sull'irrazionalità, sul mistero, sulla diversità della donna ogni segnale del proprio femminile, ogni sua irruzione inquietante, ogni suo modo disorganico e trasgressivo, ogni suo effetto emotivo che turba l'ordine del pensiero.

Nel fare ciò, Pirandello può continuare a ignorare, in questo romanzo, che la conflittualità della Nestoroff esprime una conflittualità sua, e può porsi di fronte a lei con un atteggiamento da osservatore esterno quale si trascrive nell'attenzione da entomologo che essa suscita in Gubbio. Come non lo sa il suo creatore, Gubbio infatti non sa che la Nestoroff esprime energie latenti entro se stesso.

Ma quello che è spinto fuori dalla porta, è noto, rientra dalla finestra: Pirandello non sapeva, non poteva sapere, che quanto «rimuovendo» egli non diceva nella fabula volontaria del testo — molto prossima al canovaccio di un drammone —, sarebbe ritornato nelle forme involontarie dei suoi simboli e nella metafora del linguaggio, in cui si depositano la sua modernità e la sua originalità. Quanto infatti è fonte di sentimenti profondi, di rivelazioni laceranti, produce un potenziamento emotivo attraverso cui il soggetto entra in contatto con le manifestazioni misteriose dell'esistenza. E, se il soggetto è un artista, saranno queste epifanie a dilatare lo spazio inventivo della sua scrittura, a conferire a questa quella dimensione analogica che arricchisce la relazione tra il senso primario, manifesto, letterale, e il senso secondario, implicito.

Dalla prospettiva di questo studio, pertanto, *Si gira...* rappresenta un nodo centrale. La struttura originale del romanzo — che focalizza gli eventi dall'ottica del protagonista Serafino — fa slittare il personaggio femminile dal livello reale al livello della percezione che ne ha il personaggio maschile. La Nestoroff è quello che lui immagina che sia.

Il contrasto tra gli aspetti positivi e negativi della figura femminile, nei romanzi e nelle novelle precedenti, era rappresentato oggettivo, proprio delle protagoniste: intersoggettivo in Silvia, sociale in Marta, emotivo in un'altra figura di donna di grande interesse, nella elaborazione pirandelliana del tema, la Giannetta de *I vecchi e i giovani* (1909), che riattiva la sua femminilità attraverso l'affetto materno. Le procedure formali e la tecnica costruttiva nella vicenda della Nestoroff rivelano come in essa il contrasto è diventato la proiezione del maschile sul femminile.

Capitolo quinto

Serafino Gubbio e l'immagine ambigua della donna

Ho anticipato alcune delle conclusioni della mia rilettura di *Si gira...* (cui d'ora in poi ci si riferirà con il titolo successivo di *Quaderni di Serafino Gubbio operatore*), per molteplici ragioni: per stabilire la continuità del metodo; per indicare come sia questo romanzo a permettere di seguire l'ampliarsi dello spettro delle suggestioni di Pirandello intorno al femminile.

Affascinato dalla polivalenza e dalla poliformità delle sue manifestazioni, egli scende sempre più in profondità e, quasi come da un canto di sirene, viene attirato verso fondali in cui si rifrange una gamma di percezioni ignote, nelle quali l'ordine di superficie delle cose si altera, si scompone e si trasforma in immagini «altre». Seguendo questo iter, noi possiamo attraversare il testo, per cogliere, nella trama dei molteplici suoi sensi, quello che più ci dia conto della fantasia che produce il discorso letterario. Se questa fantasia prende forma negli elementi manifesti del contenuto, investe questi, però, di energie enigmatiche e numinose, più potenti delle catastrofi di «buoni» e «cattivi» e della morte stessa dei protagonisti, in quanto esse sono prodotte da un conflitto simbolico, che diviene il modello immaginario delle vicende del romanzo. La parte più segreta, ma più vera del libro, parla, pertanto, il linguaggio di questo simbolismo, che doveva sfuggire sia all'autore, sia ai lettori contemporanei.

Nel quadro delle fantasie di passione dell'epoca, e dei *tò-*

poi letterari di tanta produzione melodrammatica del periodo (il modello alto di D'Annunzio può essere un riferimento sufficiente), tematicamente la vicenda della Nestoroff, di per sé, non avrebbe il potenziale drammatico che assume nella tessitura narrativa, se questo non le fosse conferito dalle modalità espressive che traducono e trasmettono lo sconvolgimento del narratore-personaggio, nel quale questa vicenda si dilata a significato paradigmatico.

Come già ho scritto, se la tecnica costruttiva è il terreno consapevole del narratore, a lui può sfuggire il confine tra gli elementi della rappresentazione reale e l'ombra che essi proiettano di una più complessa configurazione di origine psichica.

Secondo l'analisi narratologica, non c'è dubbio che nei *Quaderni* ci troviamo dinanzi ad una articolazione narrativa di motivi legati. Ciascuno di essi rimanda ad un altro in una catena di consequenzialità essenziale, che per essere, però, una consequenzialità implicita è impossibile cogliere sia con una attenzione rivolta all'esplicito della situazione drammatica, sia con una attenzione rivolta a una problematica deducibile da quanto il testo dice a livello manifesto.

Il titolo, sia pure successivo, di *Quaderni di Serafino Gubbio operatore* fa pensare a una sorta di notazioni, registrazioni, in successione cronologica o logica. Ma la supposizione è subito smentita dall'uso delle analessi e dalla presenza di alcune prolessi, spesso in forma metaforica, che imprimono al ritmo narrativo un andamento «a pendolo»: gli avvenimenti solo in superficie si collegano sulla linea orizzontale dell'accadere in progressione dal momento che essi prendono le mosse da antefatti, che il lettore viene a conoscere dai ricordi del personaggio-narratore. In questo modo le connessioni oggettive del discorso autoriale, sia pure delegato a un io narrante, vengono attraversate e scomposte dalle connessioni soggettive dell'attività memoriale così da rivelare la sovradeterminazione di tutto ciò che accade nell'intreccio. La vicenda si snoda nel procedere verso il futuro, che sarà l'esito fatale del presente, la cui dimensione drammatica può essere compresa solo alla luce del passato: del viaggio nel passato — reale o immaginario — che il protagonista compie. L'*hic* e il *nunc* della storia assumono pertanto spessore dal proiettarsi in essi di un contenuto individuale che, duplicando, per così dire, gli accadimenti a livello interiore, ne annulla i confini e compone la trama composita e cangiante di cui si tesse il destino dei vari personaggi.

Viaggio dunque lungo l'asse del destino. Sono così posti i poli tra cui si articola la semantica profonda del libro: viaggio e destino.

Se *Quaderni di Serafino Gubbio operatore* è un romanzo di seduzione e di morte, è sul significato di questa seduzione e di questa morte che bisogna riflettere.

Nell'intreccio, dopo il suicidio del Mirelli, analetticamente raccontato, la grande scena di morte — la morte della Nestoroff, uccisa dal Nuti, la morte del Nuti sbranato dalla tigre, la fine della tigre freddata a colpi di fucile — si svolge a conclusione del romanzo con un alcunché di troppo prossimo ad una soluzione alla *gran guignol*. Ma le marche linguistiche del testo e i simboli in esso disseminati e ricorrenti rivelano la sua latente e fatale presenza fin dalle prime pagine del libro.

La polemica — con cui si apre il romanzo — contro la macchina da ripresa cinematografica emblema della civiltà industriale che, sostituendo all'uomo la macchina, sta disumanizzando la vita, è una sorta di preludio a un romanzo sul cinema: l'impersonale, meccanica industria dello spettacolo, che sta uccidendo l'individualità, la creatività soggettiva del teatro. Ma il romanzo sul cinema è un romanzo sull'esistenza dell'uomo moderno. Privato del carattere dinamico dell'attività interiore dai meccanismi razionali della sua coscienza egli è condotto alla unidimensionalità dell'apparenza, di cui il procedimento filmico, che «nega la vita» e la restituisce come «ombra», è il paradigma:

In qualità d'operatore ho il privilegio d'aver un piede in questo reparto e l'altro nel *Reparto Artistico* o *del Negativo*. E tutte le meraviglie della complicazione industriale e così detta artistica mi sono familiari.
Qua si compie misteriosamente l'opera delle macchine.
Quanto di vita le macchine han mangiato con la voracità delle bestie afflitte da un verme solitario, si rovescia qua, nelle ampie stanze sotterranee, stenebrate appena da cupe lanterne rosse, che allucinano sinistramente d'una lieve tinta sanguigna le enormi bacinelle preparate per il bagno.
La vita ingojata dalle macchine è lì, in quei vermi solitarii, dico nelle pellicole già avvolte nei telaj.
Bisogna fissare questa vita, che non è più vita, perché un'altra macchina possa ridarle il movimento qui in tanti attimi sospeso.
Siamo come in un ventre, nel quale si stia sviluppando e formando una mostruosa gestazione meccanica[1].

Macchina-vita-arte: s'instaura la relazione analogica del testo. All'attività vorace, famelica, della «macchinetta», che riduce tutto a «pezzetti e bocconcini» perché possa nutrirsi e si prende «l'anima e la vita a pasto»

— Servo la mia macchinetta, in quanto la giro perché possa mangiare. Ma l'anima, a me non mi serve. Mi serve la mano; cioè serve alla macchina. L'anima in pasto, in pasto la vita, dovete dargliela voi signori alla macchinetta che io giro[2]. —

corrispondono e la macchinizzazione universale, che ingoia «la nostra anima e divora la nostra vita»

— Vi resta ancora, o signori, un pò d'anima, un pò di cuore e di mente? Date, date qua alle macchine voraci che aspettano! Vedrete e sentirete, che prodotto di deliziose stupidità ne sapranno cavare[3]. —

---

[1] L. PIRANDELLO, *Tutti i romanzi*, 1973, *op. cit.*, vol. II, p. 571.
[2] *Ivi*, p. 524.
[3] *Ivi*, p. 523.

e la morte dell'immaginazione e dei sentimenti, che provoca ed è insieme provocata dalla morte dell'arte, la quale è scaduta a finzione, a spettacolo.

Ad apertura di libro ci si spalanca davanti uno scenario di *debàcle*: le illusioni di progresso si sono rovesciate in un meccanismo di distruzione:

> Guardo per via le donne, come vestono, come camminano, i cappelli che portano in capo; gli uomini, le arie che hanno o che si danno; ne ascolto i discorsi, i propositi; e in certi momenti mi sembra così impossibile credere alla realtà di quanto vedo e sento, che non potendo d'altra parte credere che tutti facciano per ischerzo, mi domando se veramente tutto questo fragoroso e vertiginoso meccanismo della vita, che di giorno in giorno sempre più si complica e s'accelera, non abbia ridotto l'umanità in tale stato di follia, che presto proromperà frenetica e sconvolgente a distruggere tutto[4].

La macchina assume sembianze mostruose, da Leviatano[5]: essa sbrana, sgranocchia, uccide tutto ciò che è spirito, anima, fantasia, non diversamente da come successivamente la tigre divorerà corpi. Ma la tigre rappresenta l'istintività e l'istintività è il connotato proprio della donna. La tigre diviene il simbolo della donna. Macchina-tigre-donna. Entro la prima relazione analogica se ne iscrive una seconda più sotterranea e profonda.

La realtà, nella visione di Pirandello, subisce una metamorfosi terioforme, i cui simboli raffigurano la «perdita» dell'uomo.

La morte vince la vita. Sappiamo che la morte rappresenta la dissoluzione del corpo, ma essa è, innanzitutto, il simbolo della dissoluzione della persona. Dalle religioni più antiche,

---

[4] *Ivi*, p. 520.
[5] F. ANGELINI, *Si gira... L'ideologia della macchina*, in «Il romanzo di Pirandello», Atti del Convegno sul romanzo di Pirandello organizzato dal Centro Nazionale di Studi Pirandelliani, Palumbo, Palermo 1975.

sempre, l'uomo — nel culto degli antenati, nell'attribuzione dell'immortalità a eroi, a re, a capi, nella proiezione mitologica e, più tardi, con la fede nella trascendenza — ha avuto il bisogno di sentirsi immortale, indistruttibile.

Nella fantasia dello scrittore, questa ascesa eroica dell'uomo verso l'alto, verso la conquista del cielo, verso il regime della sublimazione e della perfezione metafisica, si inverte in discesa[6]: la discesa nel buio della terra, nei misteri della materia, nei segreti della natura, nelle profondità dell'inconscio. La morte spirituale dell'uomo moderno, la morte fisica dei protagonisti del romanzo — Mirelli, Nestoroff, Nuti — la morte psicologica di altri personaggi — Duccella, la nonna, Gubbio stesso — significano lo spegnersi della speranza di potenza e di assoluto.

Nei *Quaderni* la civiltà è segnata da un irreversibile processo regressivo verso forme inferiori di esistenza opposte alle modalità che l'uomo si era astrattamente costruito. La verticalità del volo si converte in ritorno. Il tema che domina le vicende del narrato è il ritorno al caos primitivo: la cultura cede alla non cultura, la chiarezza al mistero, la coscienza agli istinti. E l'inversione dei valori è il *pendant* dell'inversione psicologica del narratore protagonista: gli scenari di Gubbio sono notturni; la sua casa è un antro; i suoi amici sono sconfitti, emarginati. Da uomo, Serafino si riduce a «cosa»; e «cosa» ai suoi occhi si presenta il mondo, «cosa» gli altri. La forza distruttiva della macchina diviene la metafora della rivincita, del potere occulto e indomabile della natura: forza materica e inconscia, energia psichica, essa spazza via i progetti degli uomini, troppo sicuri dei propri strumenti e dei propri obiettivi, come la bufera infernale trascina con sé le anime dei peccatori danteschi:

Qua da noi non siamo ancora arrivati ad assistere allo spettaco-

---

[6] Cfr. G. DURAND, *I simboli dell'inversione*, I capitolo de *La discesa e la coppa*, in *Strutture antropologiche dell'immaginario*, Dedalo, Bari 1991[5].

lo, che dicono frequente in America, di uomini che a mezzo di una qualche faccenda, tra il tumulto della vita, traboccano giù fulminati. Ma forse, Dio ajutando, ci arriveremo presto[7].

La nemesi della natura, che punisce la ῦβρις umana, riattiva nell'immaginario dell'autore la vendetta delle antiche divinità. La saetta di Zeus contro i giganti che ardiscono scalare il cielo viene di nuovo lanciata e di nuovo essa colpisce.

Le marche linguistiche, relative al tema della morte, della decomposizione e della disgregazione, presenti in tutto il testo nella continua ricorrenza dei verbi «mangiare», «ingoiare», «divorare» e dei sostantivi «vermi», «fame», «ventre», «digestione», ci autorizzano a rilevare la relazione fra le due grandi isotopie del romanzo: quella iniziale della dissoluzione dello spirito ad opera degli ingranaggi stritolatori della macchina e quella centrale della disintegrazione della coscienza ad opera delle forze potenti della natura raffigurate, nel testo, dalla beluinità ferina della tigre e dal fascino tragico e luttuoso della Nestoroff. La Nestoroff sta alla tigre come la tigre sta alla Nestoroff. Il destino di morte di cui sono entrambe portatrici è il simbolo isomorfo dei terrori, repressi ma non domati, che fanno irruzione nell'animo di Gubbio: la paura del corpo come materialità, dell'istinto come brutalità, della sessualità come perdizione, del femminile come smarrimento della coscienza.

Il regime delle immagini testuali delinea l'orizzonte psichico di uno scrittore dominato dall'incubo dell'aggressione e che crea del mondo uno scenario di lotta tra aggressori e aggrediti. Ma nella scrittura pirandelliana la fluttuazione semantica dei lessemi instaura un processo di ampliamento della loro valenza, che di continuo fa slittare l'asse della significazione. I sintomi divengono simboli. Il desiderio che minaccia è allo stesso tempo il piacere che possiede il potere arcano di

---

[7] *Quaderni*, in *Tutti i romanzi, op. cit.*, vol. II, p. 520.

sciogliere i tabù arcaici e di trasformare. La donna che seduce è la belva che divora: ma insieme è il femminile che «divora» l'apparenza strappando la maschera sotto cui l'uomo cristallizza la persona. L'*eros* diviene *thanatos*: la morte della finzione, la fine della recita. E *thanatos* diviene *eros*, pulsione rinnovata verso la vita.

Lo sconfinamento della mente nel folle e insensato delirio di potere produce la fine del dominio dello spirito e apre il varco al ritorno del desiderio. Quando il fascino dell'intelletto diviene mortale, si riaccende la seduzione dell'istinto. Se l'uno ha spossessato l'uomo della concretezza della vita e l'ha ridotto a statua vivente «di cera vestita e dipinta» —

Porsi davanti la vita come un oggetto da studiare, è assurdo, perché la vita, posta davanti così, perde per forza ogni consistenza reale e diventa un'astrazione vuota di senso e di valore. E com'è più possibile spiegarsela? L'avete uccisa. Potete, tutt'al più, farne l'anatomia[8]). —

l'altro, con i suoi richiami potenti e non domabili, lo sconvolge.

La serie della equivalenza — macchina tigre donna — istituisce la serie parallela dell'antitesi assiologica del romanzo: vita *vs* forma, realtà *vs* illusione, essere *vs* sembrare:

Non si lavora per giuoco, perché nessuno ha voglia di giocare. Ma come prendere sul serio un lavoro, che altro scopo non ha, se non d'ingannare — non se stessi — ma gli altri? E ingannare, mettendo sù le più stupide finzioni, a cui la macchina è incaricata di dare la realtà meravigliosa?
Ne vien fuori, per forza e senza possibilità d'inganno, un ibrido giuoco. Ibrido, perché in esso la stupidità della finzione tanto più si scopre e avventa, in quanto si vede attuata appunto col mezzo che

---

[8] *Ivi*, p. 662.

meno si presta all'inganno: la riproduzione fotografica. Si dovrebbe capire, che il fantastico non può acquistare realtà, se non per mezzo dell'arte, e che quella realtà, che può dargli una macchina, lo uccide, per il solo fatto che gli è data da una macchina, cioè con un mezzo che ne scopre e dimostra la finzione per il fatto stesso che lo dà e presenta come reale. Ma se è meccanismo, come può essere vita, come può essere arte? È quasi come entrare in uno di quei musei di statue viventi, di cera, vestite e dipinte. Non si prova altro che la sorpresa (che qui può essere anche ribrezzo) del movimento, dove non è possibile l'illusione di una realtà materiale[9].

Lo scarto tra le due serie delinea la scissione del personaggio tra il sogno e l'incubo: il sogno al «tramonto» della ragione di dominare il mondo e l'incubo davanti all'irrompere di energie psichiche e materiche che disorganizzano la sua coscienza.

Il contrasto tra le due polarità traccia la direzione dell'esperienza di Gubbio — come poi di tanti altri personaggi pirandelliani: l'esperienza di un ritorno dall'universo dello spirito nel grembo della terra; vale a dire il passaggio dall'universo maschile dell'ordine, al caos materico e psichico dell'energia femminile.

Serafino percorre a ritroso il cammino dell'umanità dal regno primordiale delle Madri al regno della legge del Padre, quale celebrano i miti classici.

Ma se il mito è la forma primitiva, in cui gli uomini pensarono per la prima volta se stessi e la sua struttura riflette la struttura della psiche, anche l'inversione di Gubbio acquista significato mitico. In maniera indipendente da ogni referente esterno e da ogni prestito dalla filologia o dalla storia delle religioni, essa ha il valore di una regressione immaginale dell'io verso le proprie origini archetipiche: una ricerca archeologica dei fondamenti più antichi di sé.

L'immersione nelle proprie profondità produce la depressione dell'io conscio — quale il pessimismo intellettuale di Pi-

---

[9] *Ivi*, p. 573.

randello dimostra ampiamente —. Essa, tuttavia, non è una disfatta: è un movimento verso il basso, verso nuclei energetici rimossi, la riattivazione dei quali provoca senz'altro, come è sempre stato detto dai critici, il sovvertimento dei valori. Ma porta oltre: alla sospensione del giudizio. La sospensione configurata nella struttura di gran parte delle opere dello scrittore. Esse sono costruite, infatti, sull'opposizione tra lo schema rigido della logica giudicatoria, teleologica del pensiero — da cui sono dominati gran parte dei personaggi — e una comprensione liberatoria, affidata alla dinamica psichica, che dispone a lasciar essere le cose come sono, ad accettare e convivere con il mistero e l'originalità degli eventi — quale è messo in atto da altri personaggi, soprattutto donne.

In *La realtà del sogno* (1914) è durante una fantasia onirica che la protagonista ha la rivelazione del desiderio del suo corpo, represso, nella veglia, dal complesso di dipendenza dalla legge maschile del pudore:

Il solo pensiero le faceva schifo, orrore.
Eppure...
Fu nel sogno la rivelazione [...] Vinta, perduta, dapprima senza concedere, cominciava a cedere non per forza di lui, no, ma per il languore spasimoso del suo stesso corpo[10].

Lo scenario dell'invenzione si sposta dalla realtà esterna dei personaggi alla loro realtà interiore. Ed è nel suo tempo «senza tempo» e nel suo spazio immateriale, che emerge la molteplicità d'essere delle figure pirandelliane. Ognuna di esse si sdoppia, si moltiplica, è «molti», al limite è come negazione. Il gioco tra queste valenze — come si diceva agli inizi — disegna un ventaglio di disposizioni, di potenzialità interiori, che impongono all'autore l'abbandono di ogni forma di rappresentazione definitiva e conclusa.

Questa implicherebbe, infatti, che il personaggio istituisse,

[10] *La realtà del sogno*, in *Novelle per un anno, op. cit.*, vol. III, t. I, pp. 486-7.

ancora una volta, un legame univoco e rigido tra il proprio sé e l'immagine che egli ne possiede e che offre agli altri. L'irrompere in lui, viceversa, di un sentimento proprio, vario, problematico dell'esistenza lo spinge a vivere in una condizione di intrinseca duttilità, a seguire un percorso aperto, libero da ogni sistematicità. La forza centrifuga dell'immaginazione si accompagna al moto centripeto della psiche, che sprofonda entro se stessa e inizia a un'avventura senza confini. Il prezzo, spesso altissimo, sono le sensazioni d'incertezza, lo spaesamento, la vertigine e lo spavento, che accompagnano, inevitabilmente la prima esperienza d'autonomia: quando, per la prima volta, il personaggio si trova a tener conto di domande, che sconvolgono gli schemi della sua organizzazione psicologica e intellettuale.

L'«orologio» interiore e quello esterno non battono lo stesso tempo, afferma Kafka:

> Gli orologi non vanno d'accordo, quello interiore corre a precipizio... quello esterno segue faticosamente il solito ritmo. Che cosa può accadere se non che i due diversi mondi si dividano?[11].

La divisione dei due «mondi» — il mondo interiore e il mondo esterno — è il contrappunto fra la logica del pensiero e il procedimento conoscitivo fondato sulla produzione immaginativa dell'inconscio. E questo rappresenta il sovvertimento dei valori prodotto dalla struttura dei *Quaderni di Serafino Gubbio operatore*. Se l'uno conduce nelle terre dell'astrazione, che acceca, che dissolve la realtà del mondo, l'altro riporta nel regno delle ombre, dei fantasmi ove si estende il dominio delle figure archetipiche, di cui è signore l'ancipite e ambiguo simbolo femminile: ora immagine demoniaca, ora immagine angelica: ora Lilith e Melusina ora Sophia e Beatrice[12].

---

[11] F. KAFKA, *Diari*, 1910-1923, a cura di E. Pocar, Milano 1977, p. 334.
[12] Cfr. R. SICUTERI, *Lilith. La luna nera*, Astrolabio, Roma 1980.

Nel mito cosmogonico più antico, l'Enuma Elish, posto a premessa del codice emanato dal re babilonese Hammurabi (1700 a.C. circa) è scritto:

> quando nessuno aveva ancora fatto parola di un cielo, lassù / e nessuno avesse pensato che la terra laggiù potesse avere un nome... regnava Ti'amat, la divinità originaria femminile.

Il regno di Ti'amat, luogo della colpa e del disordine, fu sconfitto dall'alleanza di tutte le forze maschili, il cui ordine depotenziò la dea madre e la detronizzò dal luogo delle origini. Ma il potere della divinità femminile si trasferì nell'universo dei sogni e delle fantasie, ove rimase intatto e inattaccabile dall'interdizione culturale degli uomini.

A chi chiedesse, a questo punto, quale fosse la consapevolezza di Pirandello al riguardo, si potrebbe rispondere con l'affermazione di un nostro grande critico, Giacomo Debenedetti, che certi attimi della memoria involontaria degli scrittori richiamano la memoria involontaria delle parole. E citava quanto Thomas Mann scrisse a proposito di Nanà:

> Quella Astarte del secondo Impero non è forse simbolo e mito? Di dove ha il suo nome? È un suono primitivo, un remoto balbettio sensuale dell'umanità: Nanà era anche il soprannome di Istar, divinità babilonese. Lo ha saputo Zola? Ma ancor più strano e significativo sarebbe se egli lo avesse ignorato.

La memoria di Pirandello non è la memoria delle parole, ma la memoria di simboli ancestrali. E se egli non l'ha saputo, la loro riattivazione è ancora più significativa.

La funzione di sconvolgimento dei valori e di svelamento di verità negate che la Nestoroff svolge nella struttura del romanzo, amplia il significato dello spostamento delle fantasie dell'autore sulla figura femminile — delineato in parte già ne *L'esclusa* e in *Suo marito* — e lo eleva a sintomo di una messa in crisi della misoginia. La misoginia è, infatti, la struttura coscienziale maschile, la quale non riconosce l'originalità psichica della donna. Ogni rappresentazione sociale, psicologica, artistica di lei è modellata dall'uomo sull'immagine costruita dalle proprie categorie e le modalità di comportamento femminili, difformi da quell'immagine e trasgressive, vengono ricondotte a devianza (inferiorità sociale o culturale, tara ereditaria, malattia, follia). Nell'opera di Pirandello, certo, la donna assurge a un'immagine «altra» rispetto ai valori maschili. Sue sono le capacità del sentimento, che in tanti testi l'autore ha espresso: sentimento ambiguo, spesso, ma dalle radici insondabili, dall'energia incontenibile e dagli esiti sconvolgenti. La donna assume il segno di un «diverso»: un «diverso» che si può desiderare, che si può sublimare, che si può rispettare e onorare, da cui si può essere irretiti o atterriti, ma che, però, non si può mai amare. Essa rimane una figura inafferrabile e inconoscibile. Esercita il potere sovversivo della seduzione, porta alla luce le latenze segrete dell'uomo, illumina le sue disposizioni rimosse, ma non ha la forza, la capacità persuasiva per riattivarle come parti della coscienza di lui, di cui rimangono proiezioni minacciose.

È come se lo scrittore si sia spinto fino a guardare entro un abisso, ma abbia esitato a vedere ciò che si muove nella sua profondità. Ed è stata questa estrema esitazione a non sciogliere il nodo nevrotico che, a mio parere, impedì a lui di rappresentare nei suoi testi un rapporto sessuale soddisfacente o d'immaginare una relazione positiva tra partner maschile e partner femminile: una relazione come scambio di conoscenza reciproca, capace di trasformare la loro soggettività, le modalità loro di conoscere e di agire. Prigionieri, ciascuno in uno spazio separato, essi sono condannati in perpetuo, nelle fantasie pirandelliane, a un legame sado-masochista, in cui sono simultaneamente vittime e carnefici, servi e padroni. Come la Nestoroff: vampiro e a un tempo stesso vampirizzata. L'intuizione di Gardair[13] della vampirizzazione nei *Quaderni*

---

[13] Cfr. J.M. GARDAIR, *Pirandello e il suo doppio*, Edizioni Abete, Roma 1977.

come vampirizzazione dell'arte va spostata più a fondo: nella fantasia psichica d'ingoiamento reciproco tra l'uomo e la donna.

Ed è la dinamica di dominio e di manipolazione, di distruzione e di autodistruzione tra personaggi femminili e personaggi maschili a permetterci di stabilire che l'incontro con il femminile nel romanzo, nonostante l'iter complesso del personaggio maschile, non arriva mai ad essere la scoperta positiva di un'immagine propria, interiore di sé e del mondo, e rimane un'irruzione inconscia di ombre perturbanti.

Tant'è che alla difesa dal presente, dal mondo esterno può sembrare sufficiente a Serafino Gubbio una riduzione minimale di sé, una gulliverizzazione in mano: una mano che non progetta, che non vuole. Nessuna difesa viceversa è possibile a lui davanti al riaffiorare di un represso, senza tempo e privo di dimensioni naturali.

La macchina provoca una paura razionale, da cui il protagonista può difendersi intellettualmente: può razionalizzare la sua perdita sociale, può convertire la sua presenza in assenza, può allentare la tensione dell'«orrore», facendosi da parte e svolgendo la funzione dell'impassibile narratore-testimone della sconfitta storica dell'umanità — come se questa sconfitta fosse d'altri, provocata da altri. La sua immaginazione può allontanare e distanziare la perdita reale mediante fantasie dove la presenza si converte in assenza. Ma essa non può esorcizzare gli eventi interni, cui la Nestoroff dà origine, perché di questi Gubbio è produttore ed attore in prima persona.

La gulliverizzazione[14], sappiamo, è una interiorizzazione della realtà, utile per immaginare il mondo sottomesso alle proprie fantasie. È un procedimento infantile. Ma il processo inverso, attribuire realtà al proprio mondo interiore, è più arduo e doloroso perché è il cammino della maturazione psichi-

---

[14] Sul significato della gulliverizzazione cfr. G. DURAND, *Le strutture antropologiche dell'immaginario*, op. cit.

ca e dell'individuazione di sé. E questo percorso è interdetto a Gubbio. Egli non può penetrare nell'immensa zona nebulosa ove si annidano le ombre dell'inconscio e dell'essere, se non per strade involontarie e inconsapevoli. Per entrare in contatto con sé, Serafino, come Gregor Samsa, deve subire una ulteriore, globale trasformazione: rinunciando ai segni seduttivi dell'esteriorità, sbarazzandosi di tutto il «superfluo», egli deve farsi «cosa», «silenzio di cosa». E solo nel silenzio assoluto del mondo esterno egli può sillabare il linguaggio muto della propria esperienza, del proprio lutto. «Non c'è felicità che valga il silenzio interiore» — afferma Simone Weil[15].

In modo analogo a quello in cui, nel volontario esilio dalla vita e nella simbolica identificazione con il proprio violino, lo sconosciuto musicista, misterioso abitatore del sottosuolo — ove Serafino troverà ospitalità — solo nel suo strumento può far vibrare la voce della sua anima. Una voce così sottile, così struggente, tanto immaterializzabile e inesprimibile da non potersi rendere se non con la musica:

> L'anima, che muove e guida le mani di quest'uomo, e che or s'abbandona nelle cavate dell'archetto, or freme nelle dita che premono le corde...[16].

Il personaggio del violinista e il motivo della musica, al di là della frequenza delle apparizioni nel testo dei *Quaderni*, sono in esso di rilievo sostanziale, se si riflette che, nel romanzo, il linguaggio musicale esprime la dimensione più profonda dell'essere. Nella divisione musicale del tempo, l'ordine apparente s'infrange ed irrompe quanto quell'ordine occultava: qualcosa di profondo e di misterioso, che spezza il «patto» di armistizio sociale e culturale tra ciò che si *deve* conoscere e ciò che si *può* conoscere. Tieck ha affermato che «la musica

---

[15] S. WEIL, *Quaderni*, vol. III, Adelphi, Milano 1988, p. 29.
[16] *Quaderni di Serafino Gubbio operatore, op. cit.*, p. 536.

opera il miracolo di toccare in noi il fondo più segreto...»
(*Fantasie sull'arte*).

Thomas Mann definisce la musica «politicamente sospetta» (*Montagna incantata*). Essa infatti mette in relazione con quello che sfugge e a cui si vuole sfuggire: incanta ed evoca, seduce e libera.

Nella melodia, eseguita dal violinista davanti alla tigre, «per» la tigre, il «terribile» della belva — che è la metafora della potenza del femminile — si trasforma e diviene la voce dell'inconscio del solista che lo strumento modula nel sospiro doloroso di un'anima che ascolta se stessa:

> ... un gran silenzio si fece subito appena egli prese a suonare, dapprima un pò incerto, esitante, come se si sentisse ferire dal suono del suo strumento [...] poi, d'un tratto, vincendo l'incertezza, e forse i fremiti dolorosi, con alcuni strappi energici. Seguì a questi strappi come un affanno a mano a mano crescente, incalzante, di strane note aspre e sorde, un groviglio fitto, da cui ogni tanto una nota accennava ad allungarsi come chi tenti di trarre un sospiro fra i singhiozzi. Alla fine questa nota si distese, si sviluppò, si abbandonò, liberata dall'affanno, in una linea melodica, limpida, dolcissima e intensa, vibrante d'infinito spasimo: e una profonda commozione allora invase noi tutti, che in Simone Pau si rigò di lacrime. Con le braccia levate egli faceva segno di star zitti, di non manifestare in alcun modo la nostra ammirazione, perché nel silenzio quel bislacco straccione meraviglioso potesse ascoltare la sua anima[17].

Il dolcissimo, intenso, vibrante canto del violino configura metaforicamente l'incontro con se stesso che Gubbio sta cercando. Come la fuga dal mondo di quello «straccione meraviglioso», che è il violinista, delinea l'estraneamento che egli stesso deve affrontare per arrivarci.

Ed è a questo punto che la struttura profonda del romanzo dissolve la sequenza analogica della struttura di superficie:

---

[17] *Ivi*, p. 592.

macchina uguale donna. La Nestoroff non è la macchina, non è un suo prodotto, non fa parte delle realtà di fuori: è il fantasma di Serafino, e al suo appuntamento egli non può mancare. A succedere alla prima relazione è una seconda relazione analogica tra il senso manifesto e il senso latente del testo, che ne rivela il significato simbolico.

Il senso del narrato si fa paradigmatico. Il dualismo che si delinea è il dualismo tra il linguaggio di «fuori» e il linguaggio del «dentro» della persona:

> Eh no, caro, non tu: la tua fretta, la tua voglia di fare questa o quella cosa, la tua impazienza, la tua smania, la tua ira, la tua gioia, il tuo dolore... Come puoi sapere tu, che le hai dentro, in qual maniera tutte queste cose si rappresentano fuori![18].

Lo iato tra i due linguaggi attira, nell'orbita semantica della differenza tra conscio e inconscio, la sintassi narrativa del romanzo e connota come frattura psichica le oscillazioni dei personaggi tra la maschera, il travestimento — che nascondono, riducono, omologano, in forza del presupposto teorico della unità dell'io — e le incognite variabili dell'energia interiore, irriducibili a quel presupposto:

> Ah, se ognuno di noi potesse per un momento staccar da sé quella metafora di se stesso, che inevitabilmente dalle nostre finzioni innumerevoli, coscienti e incoscienti, dalle interpretazioni fittizie dei nostri atti e dei nostri sentimenti siamo indotti a formarci; si accorgerebbe subito che questo *lui* è un *altro*, un altro che non ha nulla o ben poco da vedere con lui; e che il vero *lui* è quello che grida, dentro, la colpa: l'intimo essere, condannato spesso per tutta intera la vita a restarci ignoto![19].

Accettare il sé ignoto, l'altro che non ha nulla a che vedere con lui, comporta per il personaggio la negazione di quella

---

[18] *Ivi*, p. 614.
[19] *Ivi*, p. 641.

costruzione arbitraria che è la «metafora» di se stesso. La critica teorica alla retorica — sostenuta da Pirandello nell'*Umorismo*[20] — nell'invenzione narrativa, dove il procedimento formale è posto in contrasto con la vita interiore del personaggio, acquista fondamenti più complessi.

La metafora, come estensione di senso da un campo semantico a un altro, per l'intersezione di alcuni tratti comuni, è la figura retorica del discorso, che assimila il diverso all'analogo. In questo procedimento formale Pirandello individua il meccanismo dell'operazione mentale che attribuisce all'intera personalità di un individuo il medesimo segno dei caratteri suoi più evidenti, ma contingenti e parziali. L'intersezione si dilata fino a coprire tutta l'attività della coscienza, le cui funzioni sono percepite equivalenti e coestensive. La metafora diviene, allora, un'astrazione fondata sulla negazione e l'occultamento del dinamismo differenziato della realtà psichica. Una menzogna, pertanto. Scomporre la metafora — «staccarla da sé» — è l'atto liberatorio che confuta l'applicabilità, per analogia, del modello retorico al processo globale della conoscenza. «Negare» sé, come metafora, ha la funzione trasgressiva di porre fine alla riduzione della personalità ai procedimenti della parte conscia e di restituire valore di significazione ai moti, alle emozioni, ai gesti inconsci, che sfuggono alla griglia unificata della presunta organicità della coscienza. Quella di Pirandello è pertanto una negazione della negazione. Nello spazio della doppia negazione si rovescia il senso apparente della formulazione: «io» diviene «non io». È questa l'intuizione che sorregge l'impianto del libro, attraverso il progressivo riconoscimento del protagonista che «egli» è un «altro», tanti altri.

Serafino cerca di allontanare da sé il peso della «tristezza», l'«avvilimento della vergogna», e rimuove quanto sente agitarsi nel fondo. Egli riduce tutte le voci interiori discordi alle

---

[20] *L'Umorismo e la retorica*, in *L'Umorismo, op. cit.*, cap. IV, 1ª parte, pp. 46 ss.

motivazioni logiche. «Sistema» dentro di sé le cause della sofferenza così da apparire emotivamente distante e da travestire il suo coinvolgimento sotto il sermoneggiare raziocinante di chi possiede il proprio destino e assiste con commiserazione allo spettacolo degli altri personaggi ignari del loro:

> Non dico di no: l'apparenza è lieve e vivace. Si va, si vola. E il vento della corsa dà un'ansia vigile ilare acuta, e si porta via tutti i pensieri. Avanti! Avanti perché non s'abbia tempo né modo d'avvertire il peso della tristezza, l'avvilimento della vergogna, che restano dentro, in fondo. Fuori, è un balenìo continuo, uno sbarbàglio incessante: tutto guizza e scompare.
> Che cos'è? Niente, è passato! Era forse una cosa triste; ma niente, ora è passata.
> C'è una molestia, però, che non passa. La sentite? [...]
> Ah, non bisogna fissarci l'udito. Darebbe una smania di punto in punto crescente, un'esasperazione a lungo insopportabile; farebbe impazzire.
> In nulla, più in nulla, in mezzo a questo tramenìo vertiginoso, che investe e travolge, bisognerebbe fissarsi. Cogliere, attimo per attimo, questo rapido passaggio d'aspetti e di casi, e via, fino al punto che il ronzìo per ciascuno di noi non cesserà[21].

Ma la perizia dell'autore smonterà il tentativo del personaggio. Inseguendolo dall'esterno, in un duello senza scampo, lo scrittore lo costringerà a smantellare la sua costruzione difensiva e a gridare «fuori» i suoi «pensieri», i suoi «sentimenti tenuti per tanto tempo nascosti e segreti»[22]. Nello sviluppo della narrazione, infatti, la proiezione all'esterno di una perdita interna, la maschera dietro cui Serafino si nasconde, l'apparenza cui si aggrappa, l'impassibilità che finge a se stesso gradualmente s'infrangono. Ed egli precipita nel cuore stesso della simulazione fino a mostrarne il carattere di schermo pubblico e a rivelarla come meccanismo con cui difende la sua co-

---

[21] *Op. cit.*, pp. 524-525.
[22] *Op. cit.*, p. 619.

scienza — la sua «metafora» — dai sentimenti più segreti e inquietanti. È solo a questo punto che la nostalgia del protagonista per un mondo scomparso si converte nel lutto per la morte di una parte di sé.

La relazione tra Gubbio esterno espositore e commentatore dei fatti e gli altri personaggi, implicati in essi, è la tecnica narrativa che istituisce il movimento del romanzo: l'oscillazione di Gubbio-narratore e Gubbio-personaggio. La realtà degli altri, la distruzione della loro personalità, la dissoluzione del loro io, che Serafino racconta, nella dinamica del discorso narrativo, si configurano, a poco a poco, come la proiezione esterna della crisi delle modalità percettive e rappresentative sue. È la forma che il romanzo assume nello slittamento ininterrotto dal narrato alla narrazione, dal narrante a ciò che narra, da chi è narrato a chi narra a creare la sovrapposizione delle due funzioni. È questa forma a mettere in luce che il racconto di primo grado — le storie degli altri — racconta una vicenda ulteriore, il cui protagonista è colui stesso che narra. Alla scissione oggettiva tra la voce narrante di Gubbio e i personaggi, succede la circolarità soggettiva tra Gubbio narratore e Gubbio narrato. E di ciò è indice stilistico il carattere monologico della parola, che, rinunciando alla funzione dialogica e alle sue forme, risolve il colloquio del narratore-protagonista in un monologo con la sua coscienza. Una forma di dire in cui l'interlocutore è colui stesso che parla e colui che parla attiva una comunicazione tra una parte e l'altra di sé. La sintassi implicita, le inversioni, le sospensioni, le pause, le reticenze, gli indiretti liberi nei *Quaderni* hanno come presupposto non la volontà del protagonista di ostentare cose ad altri, ma l'esigenza di rammemorare a se stesso il già visto, di riconoscere il già accaduto, che è la funzione propria del linguaggio interiore.

È questa la modalità formale del testo, che può risolvere il paradosso della pretesa oralità di una scrittura interna, da diario, di un muto[23]. Il bisogno che spinge Serafino a scrivere («Soddisfo, scrivendo a un bisogno di sfogo, prepotente»[24]) è il bisogno di dirsi, di attestare la propria presenza che, dopo la condanna alla non-esistenza («mi vendico... condannato a non essere altro che una mano che gira la manovella»[25]), non è in altro modo possibile se non nelle procedure della scrittura. Sono tali procedure a conferire espressione di senso a ciò che la vita dissipa come non senso. Trasferendo infatti il percorso esterno dell'esistenza all'interno di una sua esperienza soggettiva, interiore, la scrittura ne modifica la struttura: crea i passaggi e gli snodi, istituisce le relazioni e i rapporti, che rendono da «dentro» percepibile e formulabile, quanto da «fuori» appare indistinto e informe. Lo spazio scrittorio diviene la differenza dal reale, ma è lo spazio della sua configurabilità. La scrittura diventa pertanto il luogo della comprensione e dell'autocomprensione.

In una nota affermazione, già Benvenuto Terracini aveva stabilito l'equivalenza, in Pirandello, di scrittura e vita: «ora, sappiamo che, per Pirandello, scrivere equivale a vivere addirittura il dramma della vita»[26]. L'esperienza del personaggio s'istituisce solo attraverso l'esperienza scrittoria di chi narra. Il narratore che racconta coincide nel testo con il personaggio che vive.

Sono pertanto le modalità della sua scrittura a condurre l'autore dall'oggettività del racconto alla soggettività dell'autorappresentazione, nelle cui forme egli può risolvere l'equazione, teoricamente impossibile, tra la vita che si vive e la vita che si vede vivere (cioè che si comprende):

La vita non si spiega; si vive. La ragione è nella vita; non può esserne fuori. E la vita non bisogna porsela davanti, ma sentirsela den-

---

[23] Cfr. E. FERRARIO, *Note ai Quaderni di Serafino Gubbio operatore*, in *Il romanzo di Pirandello, op. cit.*
[24] *I Quaderni, op. cit.*, p. 522.
[25] *Ivi.*
[26] B. TERRACINI, *op. cit.*, p. 321.

tro, e viverla. [...] Com'ho capito bene queste cose in pochi giorni, da che sento veramente! Dico, da che sento *anche me*, perché gli altri li ho sentiti sempre in me, e m'è stato facile perciò spiegarmeli e compatirli[27].

La tappa maggiore di questa trasformazione sarà raggiunta da Vitangelo Moscarda o nella celebre novella *Un'idea* (1934). Già nei *Quaderni*, essa demolisce tuttavia la struttura tradizionale del romanzo e crea la relazione intrinseca tra la modificazione della forma e la dilatazione dei processi conoscitivi. La situazione del racconto assume una dimensione semantica «altra» rispetto alla sequenza dell'intreccio: lo «spiegare» e il «compatire» gli altri si trasforma «in pochi giorni» nel «sentire» se stesso: ed è questo «sentire» che produce un livello superiore di comprensione («Com'ho capito bene queste cose in pochi giorni, da che sento veramente!») e la sofferenza («Ma il sentimento che ho di me, in questo momento, è amarissimo»)[28].

Con Serafino Gubbio ci troviamo già nell'area dell'elaborazione pirandelliana del «personaggio assoluto». Lo scrittore scopre, conosce, individua ciò che la vita, vivendola, occulta, attraverso l'esperienza del personaggio. La rappresentazione soggettiva prende il posto dell'osservazione oggettiva. Le fantasie si sovrappongono alla realtà e l'immaginazione si sostituisce ai fatti, alle azioni. In figure e situazioni emblematiche e in una lingua che a tratti si sottrae alla volizione attiva e registra il succedersi delle impressioni, delle rimemorazioni, delle associazioni, affiora gradualmente nel testo quella molteplicità di essere, nascosta dalla successione dei fenomeni contingenti.

In tal modo il personaggio Gubbio esce dai confini del mondo empirico e si inoltra nel territorio illimitato del mondo possibile, costringendo il narratore Gubbio a seguirlo.

---

[27] *I Quaderni, op. cit.*, pp. 662-663.
[28] *Op. cit.*, p. 663.

Nel momento in cui Serafino passa dal ruolo di reggitore del filo delle trame a suo oggetto — la sua funzione slitta, cioè, dall'area dell'onniscenza del narratore alla sperimentazione aperta e libera del personaggio — si rivela il senso del suo viaggio, che è uno spostamento dal noto dell'io all'occulto dell'inconscio. E, nel corso di questo viaggio, egli perderà la sicurezza della sua conoscenza e assisterà allo smantellamento delle sue costruzioni culturali. Nessuna solidarietà con i tanti *laudatores temporis acti* gli verrà in aiuto; nessuna omertà con gli eredi dell'ultimo Umanesimo. Egli non troverà nessun sostegno nei vari sistemi speculativi alternativi — dove comunque tutto si tiene, e la pluralità e molteplicità delle diverse esperienze è ricondotta a procedure classificatorie di tipo logico o lineare. Gubbio si trova ad affrontare un conflitto dal cui «pericolo» estremo non sarà minimamente garantito dalle convinzioni comuni e dalla strategia sociale e istituzionale. A poco a poco perderà tutte le difese della cultura superpersonale dell'intelletto e dovrà far ricorso al patrimonio tacito della sua esperienza soggettiva. Egli avrà a che fare con i meccanismi di una logica «altra». I meccanismi cioè dell'ambiguità della sua coscienza: quel se stesso diviso, multiforme, dinamico, ambiguo, che parla mille lingue, irriducibili al modello gerarchico della logica totalizzante della ragione. E la pluralità di questi linguaggi, egli la duplica e la moltiplica nelle immagini ambivalenti che crea degli altri: come se questi fossero la superficie riflettente di sé, uno specchio.

Lo specchio, sappiamo, è un *tòpos* centrale nell'opera di Pirandello. Esso istituisce lo spazio emblematico dell'estraneamento del personaggio da sé: lo spazio in cui egli inizia a vedersi in modo diverso, ove si vede come un altro, come un estraneo. È questo il momento cruciale dell'esperienza psichica della perdita, della differenza e della potenzialità. La differenza tra l'immagine che egli possiede della sua persona e l'immagine che emerge dal fondo — da una superficie opaca, appunto — produce il suo smarrimento. Lo smarrimento del concetto, che il personaggio si è creato di sé, come unità organica, coordinata e conclusa, che viene infranta dall'emergere e dall'espandersi di tendenze centrifughe e autonome, le quali prefigurano un suo diverso destino. Un destino che è condannato, però, a rimanere misterioso e inafferrabile, come un destino altrui, se la coscienza di chi lo sta tracciando non si trasforma al punto da essere in grado di annettersene, come proprie, le potenzialità. «Riflettere sé» è «riflettere su di sé»: conoscere non solo l'immagine esterna di se stesso, ma penetrare e accettare il suo nucleo profondo. Riconoscersi nello specchio presuppone riconoscere come proprie le forme e le sembianze ignote che emergono allo sguardo. Soltanto la relazione, sottile e profonda, tra riflettersi e riflettere può produrre l'accoglienza infinita di sè. Solo pertanto una coscienza trasformata può «vedersi» nello specchio.

Quando, viceversa, come nella maggior parte dei casi pirandelliani, i personaggi sono separati da se stessi, essi non possono vedere le sembianze riflesse che come l'apparizione, l'irruzione di un estraneo. L'estraneo che li divide e insieme li difende dalla loro perturbante realtà. Come l'avvocato de *La carriola*, come Vitangelo Moscarda:

> [...] mi accadde di sorprendermi all'improvviso in uno specchio per via [...] Non potè durare più di un attimo quell'impressione [...] Non riconobbi in prima me stesso. Ebbi l'impressione di un estraneo che passasse per via [...] Dunque per gli altri sono quell'estraneo sorpreso nello specchio: quello, e non già quale io mi conosco: quell'uno lì che io stesso in prima, scorgendolo non ho riconosciuto. Sono quell'estraneo che non posso veder vivere se non così, in un attimo impensato. Un estraneo che possono vedere e conoscere solamente gli altri, e io no[29].

L'immagine estraneata rimanda al procedimento cinematografico. E il procedimento di oggettivare le immagini in una sequenza di scene rapide, a scatti, da film muto, non è

---

[29] *Uno, nessuno e centomila*, in *Tutti i romanzi, op. cit.*, vol. II, p. 750.

proprio quella che Pirandello sperimenta, adattando, nella costruzione narrativa dei *Quaderni*, la tecnica d'avanguardia dello sguardo alienato della «camera»? Tanto contestata da lui in teoria e a parole, non è questa tecnica l'unica in grado di «restituire» la vita «così com'è»?

> Ah se fosse destinata a questo solamente la mia professione! Al solo intento di presentare agli uomini il buffo spettacolo dei loro atti impensati, la vista immediata delle loro passioni, della loro vita così com'è[30].

La superficie riflettente dello specchio diviene l'equivalente della lente riflettente della macchina. Entrambe producono un'immagine altra, un «doppio» che destruttura l'unità della figura riflessa e la rende molteplice.

È quella di Pirandello una intenzionale simulazione formale o piuttosto un non intenzionale dispositivo narrativo che occulta l'analogia strutturale, istituita tra l'uso proprio e l'uso metaforico del procedimento filmico? La «camera» scardina lo statuto ideologico della realtà e ne coglie immagini irrelate. Ed esse appaiono vuote, inerti, depersonalizzate fino a quando il movimento e la sequenza non le riorganizzano in una struttura dinamica e complessa che produce nello spettatore una lettura di secondo grado, non realistica, ma analogica e associativa. Nello stesso modo, lo spettacolo del mondo che Serafino pretende di registrare come reale, sono proprio le modalità della costruzione del racconto a svincolarlo da una referenza oggettiva e mimetica e a ricondurlo al processo proiettivo del personaggio. Investito da questo processo, il referente cambia, il suo senso si ambiguizza e, attraverso la serie degli sdoppiamenti e delle duplicazioni involontarie, la sua funzione e il suo valore si dilatano.

---

[30] *I Quaderni*, op. cit., p. 614.

Ricondotta sotto il segno del processo proiettivo, la dinamica dello sdoppiamento in Pirandello, come è già stato detto, si rivela diversa da quella ereditata dalla tradizione — da Goethe a Stevenson, da Dostoevskji a Poe, da Maupassant a Chamisso a Conrad —. Il doppio nell'opera dello scrittore è una negazione, un'assenza, un rischio. Non è una sostituzione, una duplicazione, ma è una funzione: una funzione di rottura, di trasformazione, istituita solo dal sintagma interrogativo «chi sono?». È un luogo psichico simbolico, un «altrove», che si struttura nella forma eversiva e trasgressiva di un linguaggio circolare, ossimorico. Il linguaggio della contraddizione che, attraverso l'accostamento di campi semantici contrari, riesce a nominare ciò che non è e a negare ciò che è, a far apparire e far sparire, a deformare, a scomporre l'apparente, ad evocare il latente.

Il risultato più alto di questo processo è raggiunto, a mio avviso, dall'autore in *La carriola* (1917).

Quando per un impercettibile slittamento, dalla veglia alla sospensione del dormiveglia, il protagonista della novella, dall'esterno della sua ben costruita maschera pubblica di commendatore, di avvocato famoso, di professore illustre, di padre di famiglia eccellente, viene precipitato nei meandri inconsci dell'irrequietudine, della insoddisfazione, della noia, della morte sempre rimossi dalla coscienza, non è una diversa, nuova immagine di sé che egli raggiunge: ma solo la spaventosa sensazione che l'io precedente che era, non era lui, non era mai stato lui.

> Spaventosamente d'un tratto mi s'impose la certezza, che l'uomo che stava davanti a quella porta, con la busta di cuojo sotto il braccio, l'uomo che abitava là in quella casa, non ero io, non ero stato mai io. Conobbi d'un tratto di essere stato sempre come assente da quella casa, dalla vita di quell'uomo, non solo, ma veramente e propriamente da ogni vita. Io non avevo mai vissuto; non ero mai stato nella vita; in una vita, intendo, che potessi riconoscer mia, da me voluta e sentita come mia. Anche il mio stesso corpo, la mia fi-

gura quale adesso improvvisamente mi appariva, così vestita, così messa su, mi parve estranea a me; come se altri me l'avesse imposta e combinata, quella figura, per farmi muovere in una vita non mia, per farmi compiere in quella vita, da cui ero stato sempre assente, atti di presenza, nei quali ora, il mio spirito si accorgeva di non essersi mai trovato, mai, mai![31].

Applicando il modello di negazione freudiana, «io *non* sono io/io sono *non io* / io sono *un altro*», l'io che il personaggio credeva di essere, è un altro, un estraneo.

La costruzione narrativa della novella compie un ulteriore passaggio: focalizzata sulla percezione diversa che l'io ha di sé fa sì che l'estraneo, l'alieno non sia il nuovo io, ma il precedente. Il diverso, che emerge dal fondo dell'inconscio, l'invasore, che bisogna combattere e rinnegare, non è il nuovo io ma il vecchio: quello che il personaggio credeva di essere e non era, che ha occupato un luogo inesistente, che si credeva qualcuno che non c'era, che ha eseguito compiti mai assegnati. È lui «l'estraneo, [...] il nemico»: il suo nome, i suoi titoli, incisi sulla targa ovale, d'ottone della porta color bronzo di un appartamento, paiono tramutarsi agli occhi del protagonista, nell'epitaffio sepolcrale di un usurpatore mai esistito. Lo spostamento psichico del personaggio è la struttura stessa dello scenario narrativo.

Anche nei *Quaderni*, tuttavia, il procedimento pirandelliano raggiunge un risultato eversivo. Come per l'avvocato de *La carriola*, il racconto di Gubbio non è altro che la vicenda della sua trasformazione: dare spazio e voce a quello che è negato dalla «metafora» di se stesso, distruggere l'inganno formale ed abbandonarsi al suo «intimo essere... prodigo di tenerezze insperate» quando non ci si oppone più ad esso:

Vogliamo a ogni costo salvare, tener ritta in piedi quella metafo-

---

[31] *La carriola*, in «Novelle per un anno», *op. cit.*, vol. III, t. I, p. 556.

ra di noi stessi, nostro orgoglio e nostro amore. E per questa metafora soffriamo il martirio e ci perdiamo, quando sarebbe così dolce abbandonarci vinti, arrenderci al nostro intimo essere, che è un dio terribile, se ci opponiamo ad esso; ma che diventa subito pietoso ad ogni nostra colpa, appena riconosciuta, e prodigo di tenerezze insperate. Ma questo sembra un *negarsi*, e cosa indegna di un uomo; e sarà sempre così, finché crederemo che la nostra umanità consista in quella metafora di noi stessi[32].

La strategia inventiva del romanzo mette in moto la complessità del discorso affabulatorio. La discorsività del dettato, la retorica causidica dell'argomentare, il livello mediano, su cui si attesta volontariamente l'autore, non reggono gli impulsi del «terribile dio» interiore. La superficie del dettato a tratti s'increspa, s'intorbida e all'apparente descrizione e spiegazione delle cose s'interpone il ritmo scoordinato della loro percezione. La scrittura allora non asserisce più, non progredisce, gira su se stessa, dice e nega, fa apparire e sparire: scava e con sforzo maieutico dissotterra il sepolto: meglio, conduce Gubbio a dissotterrare il suo sepolto, che è il vero oggetto dell'angoscia che egli nasconde e si nasconde. Il suo io conscio traveste questa di disprezzo intellettuale e vela quello sotto le false illusioni degli uomini e con i rumori del mondo:

C'è una molestia, però, che non passa. [...] Un calabrone che ronza sempre, cupo, fosco, brusco, sotto sotto, sempre. [...] Il ronzìo dei pali telegrafici? lo strisciò continuo della carrucola lungo il filo dei tram elettrici? il fremito incalzante di tante macchine, vicine, lontane? quello del motore dell'automobile? quello dell'apparecchio cinematografico?
Il battito del cuore non s'avverte, non s'avverte il pulsar delle arterie. [...]
Ah, non bisogna fissarci l'udito. Darebbe una smania di punto in punto crescente, un'esasperazione a lungo insopportabile; farebbe impazzire[33].

[32] *I Quaderni, op. cit.*, p. 641.
[33] *Ivi*, pp. 524-525.

Ma la paura, potente stimolo emozionale, scavalca le staccionate costruite dalla difesa conscia e parla attraverso le fantasie che il testo costruisce. Ed esse rivelano la loro immagine. Come in una fantasia onirica, la figura della Nestoroff si sovrappone ai congegni della macchina e, sotto le sembianze delle menzogne della società, si delinea la menzogna di Serafino. Una fantasia onirica ho detto. Analogamente al linguaggio dei sogni, il sogno manifesto deforma, condensa, sposta il contenuto latente, che solo la libera associazione del sognatore e la sua ricostruzione emotiva può rivelare. Il contenuto vero della fantasia di Serafino non può essere individuato se non analizzando il meccanismo inconscio del personaggio, che sposta sulla Nestoroff la sua angoscia e condensa in lei la belva e la donna. Sono questo spostamento e questa condensazione a rivelare i sintomi del «male oscuro» di Gubbio e a mettere sulle tracce del suo incubo. Nel momento in cui, alle minacce del mondo, succede metonicamente la minaccia rappresentata dalla Nestoroff, e quando la Nestoroff diviene metaforicamente il simbolo bifronte di cambiamento e di morte, di scoperta e di perdita, la scena s'illumina e appare lo spettro: lo spettro che, per Serafino-Pirandello, è l'immagine della donna. Lo scatenamento delle passioni, che il corpo della Nestoroff produce, si fonde, nell'immaginario dello scrittore, con il terremoto psicologico che la differenza psichica di lei produce. È il diverso della donna a incutere timore, perché esso esprime quella seconda polarità dell'animo umano — il femminile — che lei evoca nell'uomo, e che egli tenacemente e ostinatamente fa tacere. Su quel silenzio egli infatti ha costruito il sistema monovalente e monolitico della propria cultura, che, come si è già detto, gli ha permesso di assumere, nei confronti del mondo, un atteggiamento di dominio e di manipolazione. Quell'atteggiamento, che la presenza di lei manda in mille pezzi.

Il mito narra che Atteone, avendo osato guardare Diana nuda, fu mutato in cervo e sbranato dai cani. La vista della «donna nuda» — liberata da proiezioni deformanti, così come essa è, quella che è — lacera il fondamento stesso della cultura dell'uomo.

I brandelli del corpo azzannato dalla tigre sono l'immagine cruenta, che metaforizza i frantumi, in cui il recupero femminile del lato abissale del corpo, delle passioni animali, della natura istintiva e della materia, e la potenza seduttiva e sovvertitrice di questo recupero, riducono la schizoide concezione virile del mondo. La fantasia di sbranamento che produce il regime delle immagini di tutto il romanzo sta per «smembramento»: lo smembramento in frammenti della coscienza — quale tutta l'arte del Novecento ha espresso — che ha nostalgia di un'archetipica unità perduta. La fantasia plurisotopica dei *Quaderni* esce, a questo punto, dall'orizzonte di una visione che, a tratti, pare quasi rievocare l'atmosfera di furore e di morte degli antichi riti dionisiaci, e assume il senso di sconvolgimento psichico quale produce l'emersione di un'energia repressa, che le modalità di essere della donna disotterrano e fanno agire.

Solo la reintegrazione di questa energia permetterà al mito di Dioniso di tornare: come il mito del dio della parte infera dell'animo — la follia, la libido, l'eros — che aspira a ricongiungersi all'altra parte: la parte dell'intelletto, della mente, così da produrre una coscienza diversa, unificata — un'identità — e una immagine completa del mondo.

L'identità è la verità che Pirandello inconsciamente insegue, ma a cui non seppe dar forma.

Il problema irrisolto dell'identità è, infatti, la faccia complementare del problema irrisolto dell'alterità, del riconoscimento della differenza. Fino a quando non si è sciolto l'enigma che la Sfinge ci propone su noi stessi, nessuno può interrogare oltre la Sfinge. La non conoscenza di se stesso si colloca nella relazione interrotta fra le diverse polarità della realtà interiore. E questa frattura costituì lo scenario originario dell'inquietudine di Pirandello. Anche se egli non percepì la complementarietà di pulsioni differenti e non riuscì a ricostruirne la dinamica, il coraggio di rappresentare la separazione della persona fu la sfida che la sua opera lanciò contro l'inerzia del lettore e dello spettatore.

Nell'opera dello scrittore siciliano, le donne non sono più «mute» — per usare la fantasia dostoevskjiana della novella *La mite*. La condanna divina che impose a Eco di non parlare o, al più, di replicare la parola altrui, è sospesa. Quasi la sua anima gli rimproverasse di non lasciarla esprimere[34], ad essa Pirandello diede la voce delle donne. Ed esse ruppero il silenzio, a cui gli uomini le hanno costrette, e ottennero da lui la parola. Anche se non ottennero la capacità di elaborare la propria energia interiore in modo che la parola loro, da inconscia manifestazione di pulsioni, di paure, di sensazioni irrefrenabili — che anelano espressione e spazio — si mutasse nel messaggio di un patrimonio di sentimenti da trasmettere. Molto di frequente costituita da esclamazioni e domande attonite, da affastellamento concitato di frasi interrotte, di pause e di sospensioni, la forma del loro dire e del loro sentire è, quasi, la modulazione fonica di una reazione immediata, non censurata, del loro corpo direi, alla moltitudine delle cose e alla varietà della vita. Priva di mediazioni, spesso, essa è molto vicina ad un doloroso e violento soprassalto fisico davanti al sacrificio di cui sono vittime. Di qui, l'alta tensione espressiva della lingua femminile. Più vicina alla spontancità non articolata — ora singhiozzo, grido, lamento, ora pena inespressa — che alla connessione del discorso, essa, nella scrittura pirandelliana, pare configurare lo scontro tra il muro del linguaggio convenzionale, istituzionalizzato, eretto dalla volontaria rappresentazione di chi parla, e una espressione diretta, «innocente» di sé, che apre uno spazio ignoto nell'immaginario del lettore[35].

Come suor Leonora (nella novella *Ignare*, dove quattro

---

[34] Secondo un'espressione di BACHELARD, *Poetica del fuoco*, Red Edizioni, Como 1990, p. 15.
[35] R. BARTHES, *La grana della voce*, Einaudi, Torino 1981.

religiose missionarie hanno subìto, a Candia, l'onta dell'aggressione e della violenza carnale e sono condannate a pagarne il fio), che, quando comprende l'abisso in cui il verdetto dell'Ordine sta per precipitarle al fine di far sparire le conseguenze materiali del disonore patito, rompe con «un mugolìo sordo» il silenzio atterrito delle compagne ignare («... si coprì il volto con le mani, emise con un mugolìo sordo fra un tremore delle spalle e delle braccia» — *Ignare*). Come l'affollamento verbale e l'enfasi iterativa dei discorsi interiori di Adriana (*Il viaggio*) quando scopre, insieme, l'amore e la morte: «per tutti i sensi... per un'ebrezza... per la morte... per la morte ch'era pure già dentro di lei...» O il ritmo del monologare della signora Leuca (in *Pena di vivere così*), scandito dal ripetersi di quel «finito tutto», che introduce nella sua pena silenziosa: «Non le importa della parole, come non le importa dei fatti: È nell'animo la piaga». O le vibrazioni vocali e gli acuti sonori della Figliastra nei *Sei personaggi*. O la cadenza da cantilena della madre di Marastella, quando mostra il corredo della figlia: «quattro camice quattro lenzuola quattro sottane», (*Prima notte*). O l'irruenta esclamazione della donna: «Ma dunque... dunque il suo figliuolo è morto?», nella citata novella *Quando si comprende*.

È come se l'universo silente di anime represse e inespresse si traducesse nei colori cupi e aspri di balenìi improvvisi. Sono i balenìi, che nella prosa dello scrittore, danno corpo alle ombre, occultate dall'ordine della lingua razionale, ma in perenne agguato contro la univocità e la chiarezza e delle sue procedure. Pensiero notturno *vs* pensiero diurno. Di questo scontro-incontro il risultato sono le distorsioni, le omissioni, le contraddizioni, gli iperbati, l'implicito del linguaggio pirandelliano. Esso costantemente mostra le irruzioni di un tracciato inconscio sottostante, il quale, premendo, produce la collisione tra il livello razionale e il livello profondo che crea l'originale struttura espressiva delle sue opere, ambigua e problematica.

In particolare, per quel che riguarda la relazione intersoggettiva uomo-donna, è proprio questa collisione a connotare, nei testi pirandelliani, la comunicazione tra personaggio maschile e personaggio femminile di quella disfunzionalità, la quale rivela come il contenuto reale del reciproco messaggio non sia che una copertura delle modalità patologiche del rapporto[36].

Le donne comunicano soprattutto la loro condizione di disagio, di dolore, il loro stato di privazione, il loro «essere fuori o contro». Gli uomini, d'altro canto, se ottengono dallo scrittore di animare il silenzio del loro inconscio con il suono della voce femminile, non percepiscono questa che come disturbo: rumore, grido, lamento che non vogliono, non sanno decodificare nella funzione espressiva di altri modi di essere e di sentire. L'atto del discorso, come scambio tra l'espresso e l'inespresso, tra anima razionale e anima psichica, tra sé e l'altro, mediante il quale l'uomo è e vive, pertanto non si produce. «... se Narciso sapesse dimenticare se stesso e parlasse ad Eco, Eco potrebbe esprimersi e dire la sua verità»[37]: ma nei testi dello scrittore i personaggi maschili non dimenticano se stessi e non parlano alle donne. Esse pertanto non riescono a trasmettere la propria verità e il tanto parlare dei personaggi maschili non rivela che la sostanza dell'ininterrotto monologo di chi è prigioniero tra le pareti di se stesso e dei propri fantasmi: lo spazio della non comunicazione, della non realizzazione la stanza della tortura. Il miracolo dell'incontro di Tamino e Pamina non si ripeté. Nessun flauto opera la magia di dare espressione all'oscuro mondo dei sentimenti della donna affinché l'uomo lo intenda e ne partecipi[38]. Privi della mediazione della musica trasfigurante, la Regina della Notte e Sarastro continuano a fronteggiarsi nemici.

L'estro di Pirandello coglie e sente il dramma profondo di

---

[36] V. Satir, *Psicoterapia e psicodinamica del gruppo familiare* (1964), tr. it., Armando, Roma 1973.

[37] M. Mizzau, *Eco e Narciso*, Bollati Boringhieri, Torino 1988, p. 21.

[38] Cfr. Erich Neumann, *Il «Flauto magico» di Mozart*, in *La psicologia del femminile*, Astrolabio, Roma 1975.

questa incomunicabilità ma non può scioglierlo. Lo scrittore riattiva una memoria ancestrale: ma il ricordo «trema» nel «profondo pozzo»; è evanescente e l'immagine non «ride». Egli non riesce a scardinare il rapporto tra uomo e donna dal modello di un tormentoso e rovinoso rapporto di aggressione e di annientamento reciproci, nel corso del quale o dopo il quale, nessuno dei due può più essere quello che era prima, ma ciascuno rimane inconsapevole, ignaro di chi è diventato o di chi può diventare. È la condizione di privazione d'identità, a cui ciascuno sopperisce con una serie infinita di maschere, invano anelanti a raggiungere il «volto» scomparso.

Nonostante ciò, è proprio l'incontro-scontro con un partner dell'altro sesso a mettere in moto, nella maggior parte delle storie pirandelliane, la collisione tra la tendenza alla stasi e alla conservazione dell'uomo e la dinamica femminile della metamorfosi. In questo conflitto di una coppia storicamente determinata, genialmente l'artista rappresentò una più generale tensione dell'anima: la tensione tra la chiusura in una struttura coscienziale astrattiva — una testa senza mondo — e l'adesione empatica alla sinuosità indeterminata e deviante dell'esistenza — un mondo senza testa — della parte femminile.

È la disponibile, libera, originale partecipazione alla vita del sentire femminile ad attirare Pirandello: a suscitare in lui la curiosità e l'interesse, la fedeltà e la tenerezza, la diffidenza e la rabbia, con cui ne ascoltò dentro se stesso le modulazioni e diede loro forma. La forma del dissidio che quel sentire provoca all'interno della personalità lacerata dell'uomo — e di quelle donne che non hanno iniziato ancora a percorrere la propia autonoma strada.

Il crollo dei valori nei personaggi pirandelliani è il crollo di un modello di valutazione. Le donne non ne delineano uno alternativo: ma oppongono, in modo radicale, la non valutazione che è propria della loro disposizione al lasciar essere le cose come sono, ad accettarle e a convivere con la eccentricità loro.

Se le protagoniste dello scrittore siciliano riuscirono solo a mettere in crisi il valutare maschile e non a sospenderlo, di questa sospensione configurarono tuttavia la virtualità. Ed è proprio la presenza tacita di questa virtualità a mutare di segno allo scacco dell'uomo pirandelliano. Conseguenza, come si è già detto, non di una *impasse* del pensiero, questo scacco si rivela piuttosto come il risultato di un blocco dell'attività emozionale — che è coinvolgimento e partecipazione — come mancanza di consapevolezza e incapacità di scelta, latenti in tanto ragionare o — ed è la sua faccia complementare — in tanto sragionare dei protagonisti. È questa paralisi la cifra nera sottesa alle cifre bianche dell'angusto e asfissiante azzardo del loro elucubrare: l'impostura, il raggiro di se stessi, in cui cadono come in una trappola mortale.

La stessa cifra nera è metaforizzata nel «silenzio di cosa», nell'afasia di Serafino Gubbio: sintomo somatico dell'«arresto» psichico che in lui provoca il manifestarsi di una dimensione talmente lata della vita e talmente sconcertante da incrinare la fissità marmorea della maschera (che si è dato) e da istillargli il senso di colpa per aver «tradito» — facendosi cosa e deresponsabilizzandosi — il proprio destino di uomo.

E il grande sentimento di pietà — con cui, come con una nenia funebre, il Pirandello maggiore accompagnerà la «pena di vivere così» di tanti suoi personaggi — non può investirlo.

Capitolo sesto

Varia una e due
Le metamorfosi del personaggio femminile

L'andamento antifrastico delle immagini e i procedimenti ossimorici del linguaggio nei *Quaderni di Serafino Gubbio operatore*, configurano un'ambivalenza di senso, attraverso la quale la rovina di un sistema di valori sta per approdare altrove: al punto in cui l'esperienza in fieri avrebbe spinto l'autore a percepire l'insensatezza di fissare le cose ai chiodi delle idee. Tale è infatti la fluidità dei fenomeni da far preferire allo scrittore, fin da quest'opera, la tecnica dello sguardo rispetto al sistema del giudizio. Da quest'ottica, il romanzo assume un'importanza fondamentale, non colta, in genere, dalla critica, attenta, quasi esclusivamente, ad una sua valutazione tematica e letteraria, anche in relazione alle altre opere dello scrittore.

Lo sguardo di Serafino mima, infatti, lo sguardo della macchina da presa: la metafora celata è il bisogno nuovo di un rapporto aperto, inesauribile con il mondo, di un'attenzione spregiudicata alle sue variazioni, attraverso cui ad essere messo in questione è lo statuto statico della realtà apparente. Essa non viene più spiegata, ma solo registrata nel ritmo accelerato del suo svolgersi slegato e irrelato. Spiando gli impercettibili movimenti della vita, il protagonista inizierà a percepire la deformazione dei suoi giudizi, i quali non sono stati altro che pre-giudizi. Prodotti dal meccanismo dei concetti, questi giudizi-pregiudizi hanno inquadrato, solo, la zona della luce, che è il regno dell'ordine, della misura e della coerenza e non hanno colto il cono d'ombra, il regno del buio, dove è la genesi del visibile. Qui, esso acquista le tonalità sfumate, rivela il gioco dei riflessi, del bianco e del nero, mostra la presenza e l'assenza: quello che c'è, ed è percepibile, e quello che sta oltre, e si può solo intuire, nella cui relazione si deposita il senso.

L'occhio di Gubbio aspira a mettere in atto una re-visione: una nuova visione, di cui il primo oggetto sarà egli stesso — la parte di sé conosciuta e nota attraverso la parte di sé sconosciuta e segreta; il se stesso di ora in relazione con il se stesso passato. L'anello di congiunzione tra la doppia immagine, sincronica e diacronica, sarà una figura chiave, una figura di donna: Varia Nestoroff. Sarà lei a tenere il filo d'Arianna per un percorso all'indietro del filo del tempo, che è nello stesso tempo un percorso entro la memoria interiore: viaggio in cui simultaneamente si scompone sia il senso attribuito a ciò che è accaduto sia la cognizione di ciò che sta accadendo.

Come un fantasma, Varia Nestoroff irrompe all'improvviso sulla linea d'ombra dell'orizzonte sotterraneo e notturno dell'ospizio, ove Serafino alloggia con altri transfughi: l'antipolis, il luogo altro, rispetto al consorzio civile e al patto sociale, da cui questi possono essere veduti in tutto il loro «orrore»:

Alzai gli occhi; vidi a destra di quel vicolo un casamento tetro, con una lanterna sospesa davanti al portone: una grossa lanterna, ove la fiammella del becco sbadigliava a traverso i vetri sudici. Mi fermai davanti a quel portone mezzo chiuso e mezzo aperto, e lessi su l'arco:

OSPIZIO DI MENDICITÀ[1].

---

[1] *Quaderni, op. cit.*, p. 529.

È la porta simbolica dell'inferno dei vivi. Ma solo, da questo inferno, come Dante dal suo, il protagonista potrà capire *l'errare* dei viventi.

Nella scenografia, la scena ha il valore intuitivo d'immagine, ma nell'affabulazione, assumerà una funzione attiva: diventerà lo scenario paradigmatico dell'inversione del protagonista. La morte al sociale, la morte alla luce, all'esterno, quando ci si abbandona al flusso interiore, fanno assumere a ciò che ci circonda aspetti sconosciuti ed estranei. È come vedere il mondo con il canocchiale rovesciato (e così recita una novella dell'autore), dal sottosuolo — secondo quanto afferma lo stesso Pirandello, con un termine (e un titolo) dostoevskiano. L'abbandono della superficie non avrà preso il posto del rito della piccola morte, che è il rito da celebrare per poter «rinascere»? La morte dell'apparente è la maturazione di altre modalità di essere e di conoscere. Lo sprofondamento di Gubbio nel sottosuolo pare alludere all'iniziazione degli eroi mitici, che si sottoponevano a prove cruciali per ottenere la forza indispensabile a compiere le imprese nel mondo.

La prova di Serafino sarà richiamare alla «presenza» il passato: non come la lettera del libro pare dire, del passato, esterno, storico, ma del suo passato o, meglio, del modo in cui egli ha sistemato, organizzato, nella coscienza il proprio passato, che torna a presentarsi, come ancora in attesa di essere conosciuto. Indice formale evidente di ciò è la funzione di soliloquio — quale modalità di presentazione a se stesso di ciò che è stato —, quale assolve la parola del protagonista, in contrasto con il suo superficiale carattere allocutorio.

L'apparizione della Nestoroff, alla fine del primo Quaderno del romanzo, ha la struttura di un'allucinazione analoga all'improvvisa e sconvolgente apparizione di Madama Pace nei *Sei personaggi*. Un'allucinazione, in cui gli elementi materiali del presente — l'aspetto della donna, la sua professione di attrice, la condizione di alienazione del protagonista — si fondono, alterandosi e ingigantendosi sinistramente, con l'immagine memoriale di una minacciosa figura. La figura che ha recato «scompiglio e morte» in uno spazio e in un tempo mentali, depositari per Gubbio di un sogno di purezza, di dolcezza, di felicità, che si colloca in posizione oppositiva all'aridità attuale:

La Nestoroff... Possibile? Mi pareva lei e non mi pareva. Quei capelli di uno strano color fulvo, quasi cupreo, il modo di vestire, sobrio, quasi rigido, non erano suoi. Ma l'incesso dell'esile elegantissima persona, con un che di felino nella mossa dei fianchi; il capo alto, un po' inclinato da una parte, e quel sorriso dolcissimo su le labbra fresche come due foglie di rosa, appena qualcuno le rivolgeva la parola; quegli occhi stranamente aperti, glauchi, fissi e vani a un tempo, e freddi nell'ombra delle lunghissime ciglia, erano suoi, ben suoi, con quella sicurezza tutta sua, che ciascuno, qualunque cosa ella fosse per dire o per chiedere, le avrebbe risposto di sì.

Varia Nestoroff... Possibile? Attrice di una Casa di cinematografia?

Mi balenarono in mente Capri, la Colonia russa, Napoli, tanti rumorosi convegni di giovani artisti, pittori, scultori, in strani ridotti eccentrici, pieni di sole e di colore, e una casa, una dolce casa di campagna, presso Sorrento, dove quella donna aveva portato lo scompiglio e la morte[2].

La funzione narrativa che svolge la Nestoroff ha pertanto la chiave del suo ruolo simbolico.

Da una parte, le caratteristiche fisiche della donna (capelli color fulvo, un che di felino, occhi aperti, glauchi, fissi e vani... freddi, ecc.) anticipano l'analogia con la tigre, che connoterà lo sviluppo successivo degli avvenimenti. Dall'altra, la sua persona riporta il passato, che ci immette nella vita precedente di Gubbio, di cui fino a questo punto il romanzo non ha parlato altro che per accenni enigmatici. Essa riconduce al periodo in cui egli frequentava come precettore la villa di Sor-

---

[2] *Ivi*, p. 539.

rento in cui i giovani Lidia (Duccella) e Giorgio vivevano con i nonni.

Il nesso che la Nestoroff istituisce tra il passato e il presente prepara la replica del suo potere terribile. È attraverso di lei che ciò che è e ciò che sarà si congiunge a ciò che è stato. L'incontro con l'attrice produce, all'inizio del secondo Quaderno, la sequenza analettica dei lontani anni sorrentini del protagonista, che diviene l'anello su cui ruota il tempo. Il recupero del passato, sulla linea del presente e del presentimento del futuro, fa assumere al tempo della storia l'andamento del tempo dell'anima. Un tempo «vissuto», che non dispone gli eventi lungo la retta di una successione progressiva, ma li iscrive lungo una traiettoria circolare, il cui moto rotatorio li fa ritornare, riprodurre, espandere come fantasmi di una struttura immaginaria, che alterano i rapporti ordinari, moltiplicano le relazioni e amplificano le risonanze. Un tempo diverso, non il tempo degli altri, da cui Gubbio ormai si sente escluso, come afferma nell'episodio in treno durante il ritorno da Sorrento, davanti a un passeggero «di questo mondo». Serafino è fuori della dimensione normale, comune della vita, ne ha perduto il senso e la scansione. Nel brano, la concitazione del tono scrittorio — resa dall'accumulazione nominale, dalla frequenza degli interrogativi, dalla sospensione del discorso, dalle pause, dall'abbondanza dei pronomi in posizione enfatica — funge per così dire da macchina della verità. La denuncia consapevole della propria estraneità al mondo esterno, nell'ansia della sua espressione, dà forma alla confessione involontaria di Gubbio di un distacco irreversibile, di un allontanamento definitivo da una realtà che crea disagio e angoscia.

La configurazione semantica del testo rivela il meccanismo inconsapevole, che mimetizza il rifiuto psichico dietro la formula razionale dell'isolamento e della differenza, e mostra la relazione organica, nascosta, fra i due momenti. È la struttura formale a connotare la frattura insuperabile tra Serafino e gli altri come esito di un suo «spostamento». Il suo è un viaggio per un «altrove», che egli ignora, di cui non possiede l'orientamento, ma che lo calamita con una energia irresistibile e deflagrante verso il suo misterioso centro di gravità.

Si potrebbe essere tentati di parlare di «acronia» in Pirandello, in relazione a Proust e alle interpretazioni che Genette ha fornito del tempo nella *Recherche*[3]. Io direi piuttosto inversione del ritmo temporale: in rapporto, forse, alle teorie di Husserl e di Heidegger[4]. La scansione di una visione interna che, espandendosi, si sovrappone alle cadenze della succesione diacronica, le scompone e le nega, e attesta non l'arresto del tempo, ma il vortice emotivo che è prodotto dall'avvertimento della simultaneità dei suoi segmenti. Il problema del tempo si traduce nel trauma della modificazione della sua percezione. Ed è questo trauma che, attraverso le modalità del narrare, governa l'organizzazione antitradizionale del narrato.

Il particolare e diverso registro stilistico del ricordo che l'incontro con l'attrice riattiva — con gli aggettivi soggettivizzati, con le trasposizioni sintattiche, con l'abbondanza dei deittici, con l'alta frequenza di diminutivi e di vezzeggiativi — pare produrre una sospensione «idillica» della tensione drammatica del presente: una sorta di pausa sentimentale.

A non permettere, però, di scandire, come cesura cronologica, la distanza tra i ricordi e la condizione presente, è proprio la struttura narrativa. Essa, infatti, compone le riflessioni, le confessioni, le angosce odierne del protagonista-narratore con l'immagine del passato come in un montaggio di momenti attuali e di flash-back. Il racconto si dispone lungo l'asse di una focalizzazione simultanea, che sposta le due fasi — il presente e il passato — dallo spazio diacronico del vissuto rea-

---

[3] G. GENETTE, *Discorso del racconto*, in *Figure III*, Einaudi, Torino 1976. Per un ampliamento del problema cfr. J. DERRIDA, *Forza e significazione*, in *La scrittura e la differenza*, Einaudi, Torino 1982, pp. 28 ss. e in particolare P. RICOEUR, «L'esperienza temporale di finzione», cap. IV, in *Configurazione del racconto di finzione*, vol. II di «Tempo e racconto», Jaca Book, Milano 1987.

[4] P. RICOEUR, *Il tempo raccontato*, cap. III, Jaca Book, Milano 1988.

le allo spazio continuo di un contenuto psichico. Lo spazio, che si situa fuori della misura cronologica oggettiva e connota i due momenti come contenuti sincronici e interferenti della coscienza di Gubbio: la sua angoscia davanti all'esistenza e il suo tentativo di dissimularla attraverso le fantasie di una realtà illusoria, che la configurazione temporale della vicenda ascrive all'età della giovinezza, della speranza, dell'illusione.

Ma è proprio l'andamento scrittorio, partecipe e dolente, che anima il passato, investendolo di dolcezza e di nostalgia, a far aleggiare in esso i segni del perdurante, ancorché inconsapevole, coinvolgimento interiore del personaggio. Il passato è parte ancora attiva, attuale del suo sentire, di cui si rivela una sorta di contrappunto immaginario.

Ancora una volta, il conflitto di Serafino, dalla serie delle vicende topiche e cronologiche esterne, è trasferito nella dinamica di una attualizzata drammatizzazione interiore. Il soggiorno a Sorrento, la casa dei nonni, la nonna, Duccella e il suo casto amore per il barone Aldo Nuti, il fratello Giorgio Morelli e la sua vocazione artistica — e tutto quanto di bello, di onesto, di puro essi hanno significato e significano per il protagonista — non sono quello che realmente è stato, ciò che la vita ha spazzato via, che la sinistra figura della Nestoroff ha distrutto, seducendo sia il fidanzato di Duccella, il barone Nuti sia il fratello Giorgio, il quale per lei si toglierà la vita. Il ricordo di tutto questo rappresenta piuttosto quello che Gubbio è: la metafora della sua inclinazione insuperata alla sublimazione, alla simulazione, pervicacemente insidiata, nel tracciato della vicenda, dal delinearsi dell'ombra sottesa a quelle immaginazioni, tanto mirabili e consolatorie quanto ingannevoli. Ma la metafora non è mai innocente: essa orienta il percorso della scrittura[5].

Il conflitto giovinezza-maturità si trasforma, paradigmaticamente, nell'opposizione sogno-realtà. Nel testo, il linguaggio dell'uno stride con il linguaggio dell'altra. Ma l'uno non

---

[5] J. Derrida, *Forza e significazione,* op. cit., p. 21.

prende corpo, se non nella relazione con il suo opposto: non si comprende a fondo ciò che Gubbio sente e pensa della realtà fuori dall'orizzonte del sogno in cui l'ha collocata e per cui la condanna; e non si interpreta il sogno fuori delle modalità con cui egli si configura la realtà.

La fantasia positiva sul tempo passato induce Gubbio all'atteggiamento ostile verso il presente. Il presente è condannato e rifiutato sulla base di quella fantasia, la cui dissoluzione viene ascritta a un elemento esterno, l'arrivo della Nestoroff, che assume la valenza della distruzione e della morte:

> Ebbene, pazienza, la morte, a cui nessuna casa, per quanto lontana e nascosta, può restare ignota! Ma come mai, partita da mille e mille miglia lontano, sospinta, o trascinata, sbattuta qua e là dal turbine di tante vicende misteriose, poté trovar la via di quella casetta schiva, lì rannicchiata dietro il poggio verde, una donna, a cui la pace e gli affetti, che quivi regnavano, dovevano essere, nonché incomprensibili, ma neppure concepibili?[6].

Nel brano, l'analogia del termine morte del primo periodo con il lessema donna del secondo è la spia verbale dell'associazione involontaria morte-donna. La caduta di un mondo circoscritto entro la sfera dell'illusione non può avvenire se non attraverso una «colpa» non attribuibile a quel contesto. La proiezione della colpa sulla Nestoroff, all'inizio, permette a Gubbio di mantenere la sua illusione — che è un'area di sicurezza — e di utilizzarla come alibi del rifiuto della sua vita di ora.

Sarà proprio il contatto successivo con questa donna a scardinare la fissità negativa e stereotipa del suo giudizio. La suggestione, che Varia esercita su Gubbio, innesca in lui un

---

[6] *Quaderni, op. cit.*, vol. II, p. 545.

processo psichico da cui ha origine una rappresentazione modificata del mondo. Le maschere si dissolvono ed emerge una multidimensionalità che lo sollecita a un diverso confronto:

> Studio, dunque, senza passione, ma intentamente questa donna, che se pur mostra di capire quello che fa e il perché lo fa, non ha però in sé affatto quella «sistemazione» tranquilla di concetti, d'affetti, di diritti e di doveri, d'opinioni e d'abitudini, ch'io odio negli altri[7].

La «sistemazione» cede il posto al conflitto emotivo e conoscitivo. Ed è questo conflitto a fornire l'anello di congiunzione tra la condizione dell'io-narratore e la condizione del personaggio femminile.

L'interesse di Gubbio non è di natura erotica o sentimentale: le sue radici sono a un tempo diverse e più profonde. È come se la Nestoroff-morte a poco a poco venisse sostituita dalla Nestoroff-vita: le ambiguità, i mascheramenti, le contraddizioni, le sofferenze di lei spostano il segno della sua persona dalla fissità marmorea, glaciale, di ciò che è definitivamente, per sempre e in un unico modo, al movimento di ciò che muta continuamente, che rivela molti aspetti e che obbliga chi guarda a seguire un processo infinito di trasformazioni, che sospende il giudizio e predispone ad un'osservazione aperta, cangiante, in *fieri*:

> Forse da anni e anni e anni, a traverso tutte le avventure misteriose della sua vita, ella va inseguendo questa ossessa che è in lei e che le sfugge, per trattenerla, per domandarle che cosa voglia, perché soffra, che cosa ella dovrebbe fare per ammansarla, per placarla, per darle pace.
>
> Nessuno, che non abbia gli occhi velati da una passione contraria e l'abbia vista uscire dalla sala di prova dopo l'apparizione di quelle immagini, può avere più dubbi su ciò[8].

---

[7] *Ivi*, p. 555.
[8] *Ivi*, p. 557.

La «passione contraria» degli altri non è che la nominazione narrativa della passione negativa di cui il protagonista è stato prigioniero e il cui scioglimento assume, simultaneamente e complementarmente, le forme di una diversa percezione del presente e di una conoscenza differita del passato. Quello che accadde, accadde «allora», ma la sua comprensione è di «ora»: del momento in cui viene ricostruito nella struttura della lingua interiore.

In questo senso, il ritorno reale di Gubbio a Salerno riveste la funzione di un iter simbolico nei luoghi della memoria, mediante e durante il quale si verifica la dislocazione del loro senso. È come se un alito di vita irrompesse negli spazi mitizzati del ricordo e ne decomponesse l'artificiosa coerenza e l'astratta purezza. Le cose, gli oggetti, gli ambienti, impietosamente usurati dagli anni, e i corpi devastati di Duccella e della Nonna segnano l'inversione di Gubbio dalla idealizzazione alla repulsione:

> Una donna tozza, vestita d'uno di quegli abiti che si portano per voto [...] S'arrestò sul pianerottolo e mi guardò con gli occhi chiari, spenti nella faccia bianca, grassa, dalla bazza floscia: sul labbro, di qua e di là, alcuni peluzzi. Duccella.
> Mi bastava; avrei voluto scapparmene! Ah, fosse almeno rimasta con quell'aria apatica, da ebete, con cui mi si piantò davanti [...] lei, ora, così — con quegli occhi che non erano più i suoi, con quella faccia grassa e smorta di monaca, con quel corpo tozzo, obeso, e una voce, una voce e certi sorrisi che non riconoscevo più [...].
> Per levarmela davanti le avrei dato uno spintone, anche a rischio di farle ruzzolare la scala! Che strazio molle! che cosa! Quella vecchia sorda, istolidita, senza più un dente in bocca, col mento aguzzo che le sbalzava orribilmente fin sotto il naso, biasciando a vuoto, e la lingua pallida che spuntava tra le labbra flaccide grinzose, e quegli occhiali grandi, che le ingrandivano mostruosamente gli occhi vani, operati di cateratta, tra le rade ciglia lunghe come antenne d'insetto! [...]

Scappai via [...] Ah! che orrore la fede! Duccella, il fiore vermiglio... nonna Rosa, il giardino della villetta coi gelsomini di bella notte...[9].

L'eufemizzazione della rappresentazione anteriore rivela il meccanismo di occultamento: la dolce villetta, il giardinetto incantato, la delicata fanciulla, la soave vecchietta sono le figure con cui Gubbio ha rimosso l'angoscia del tempo e della morte, la paura della vita e della donna, e il dolore che è il prezzo della vita e dell'amore, mettendo in atto un processo inconscio analogo a quello con cui le ha tenute lontano da sé, proiettandole sul corpo demonizzato della Nestoroff. La riduzione della Nestoroff ad un'immagine demoniaca è stata speculare alla spiritualizzazione acorporale di Duccella e della Nonna. La dissociazione della figura della donna in una interiorità senza corpo e in un corpo privo di interiorità è funzionale alla dissociata costruzione immaginaria del protagonista.

Quando tutto ciò che Gubbio dissimulava fa irruzione nel suo scenario psichico, sarà questo a dare forma di figure interne all'angoscia e alla paura, che erano state spostate all'esterno. E ad esse l'impatto con il livello coscienziale, che le aveva rimosse, e che resiste alla loro reintegrazione, conferisce l'aspetto di fantasmi ripugnanti. È il medesimo meccanismo psicologico che sottopone il recupero delle valenze femminili della Nestoroff a un processo di alterazione, che impedisce la ricomposizione unitaria e organica della sua persona.

La deformazione delle immagini del passato costruisce nel testo la transizione del protagonista dalla sublimazione a una sconvolgente esperienza interiore della realtà, in seguito alla quale le fantasie positive anteriori («la fede») rivelano il segno dell'irreltà e dell'onirico.

È il sogno che ha prodotto le ombre, le parvenze del suo passato:

Immagini avevo dentro di me, non mie, di cose, di persone; im-

[9] *Ivi*, pp. 701-702.

magini, aspetti, figure, ricordi di persone, di cose che non erano mai state nella realtà, fuori di me, nel mondo che quel signore si vedeva attorno e toccava. Avevo creduto di vederle anch'io, di toccarle anch'io, ma che! non era vero niente! Non le avevo trovate più, perché non c'erano state mai: ombre, sogno[10].

Quando le immagini del passato si rivelano non reali, mai esistite fuori di lui, Serafino non ha più scampo: un'inquietudine angosciante lo pervade. Sconvolgendo i lineamenti del ricordo, questa inquietudine sconfigge la strategia difensiva del presente: a essere investito direttamente è l'autore di tante simulazioni che non è che lui stesso:

(Quelle immagini)... Ma come avevano potuto venirmi in mente? donde? perché? C'ero anch'io, forse, allora? c'era un io che ora non c'è più? [...] io no, non c'ero; sebbene, non essendoci, non avrei saputo dire dove fossi veramente e che cosa fossi, così senza tempo e senza mondo.
Non capivo più nulla[11].

Quel se stesso negato, prigioniero di una metafora, il «dio terribile» che «grida dentro la colpa».
La dissoluzione di quanto fino ad allora egli considerava reale, provoca la messa in questione di chi fosse quell'«io», che l'aveva costruito e l'aveva mantenuto vivo nel pensiero. Serafino ha la percezione allucinatoria di essere stato gestito da un estraneo, da qualcuno che l'ha posseduto, che non era lui: una perdita d'identità che produce un effetto psicologico di sdoppiamento, in base al quale, tutto quanto sembrava patrimonio storico della propria persona, assume il carattere indecifrabile e oscuro del passato di uno sconosciuto. È l'allucinazione del protagonista de *La carriola*. «Non capivo più nulla»: il sintagma denuncia la incomprensione di ciò che è accaduto, la incomprensione di quanto sta accadendo. È come se

[10] *Ivi*, p. 703.
[11] *Ibidem*.

egli fosse stato «assente»: «... io no, non c'ero». Egli, pertanto non ha «visto»: la Nestoroff è stata solo il paravento della realtà, protetta dal quale poteva sopravvivere l'illusione.

Il processo a cui il protagonista sottopone se stesso crea lo spazio in cui emerge una Nestoroff diversa. La colpa attribuita alla donna si trasforma nella colpa sua: la colpa di non aver visto, di non aver capito, di non essere «stato»: egli ha saputo solo giudicare. Nel momento in cui le polarità positive e negative, dall'esterno, di cui costruivano visioni scisse e contrapposte — un universo «senza tempo» e «senza mondo» — si spostano entro lo scenario della coscienza del narratore e riattivano una loro relazione dinamica, a lui è dato cogliere il carattere complesso dei fenomeni dell'esistenza, sul cui orizzonte la Nestoroff recupera le dimensioni che la demonizzazione le aveva sottratte.

La percezione nuova di sé segna il superamento della unidimensionalità della coscienza di Serafino, che ha prodotto la unidimensionalità degli altri ed indica l'inizio di una conoscenza problematica e dolorosa:

Conosco bene adesso questa donna, o almeno quanto è possibile conoscerla, e mi spiego tante cose rimaste lungo tempo per me incomprensibili[12].

La metamorfosi della Nestoroff è pertanto direttamente proporzionale alla metamorfosi di Gubbio. La sua ostilità s'incrina, e subentra in lui una disponibilità emotiva che lo sollecita ad una considerazione più articolata e dubbiosa, da cui è indotto a formulare domande. Ma la domanda sulla Nestoroff non è che la domanda che Serafino formula nei propri confronti. L'emersione di insospettate zone sepolte, di omissioni, di verità negate, di inquietudini rimosse, di energie represse — significativamente definite «belve» ruggenti («[...] atti

---

[12] *Op. cit.*, p. 551.

ambigui, menzogne vergognose, cupi livori, delitti meditati all'ombra di noi stessi fino agli ultimi particolari, e ricordi obliati e desiderii inconfessati, irrompono in tumulto, con furia diabolica, ruggendo come belve»)[13] — distrugge la sua maschera e, con gesto simultaneo, strappa la maschera da quella imposta agli altri. E gli altri irrompono sulla scena nella sconvolgente e drammatica realtà loro, molteplice e contrastante.

L'essere intimo del narratore — il suo dio terribile — nega l'apparenza tranquilla delle cose. All'ordine logico della differenza si sostituisce il tumulto del non distinto e del plurivalente, la cui energia disloca l'incontro tra lo scrittore e il personaggio rispetto al livello iniziale. Ora esso ha luogo in uno spazio segreto, celato, raggiungibile da un percorso discendente verso un centro che sta oltre la soglia della coscienza e ove l'incontro con la Nestoroff si trasforma in un «rincontro». Un «rincontro» con l'«altro», che passa attraverso un nuovo incontro con se stesso, il quale dà origine alla rivelazione di quanto era insospettato, inesplorato, non percepito.

«Questo mondo è la porta chiusa. È una barriera, e al tempo stesso è il passaggio» afferma Simone Weil[14]. E sembra proprio la trasformazione della barriera in passaggio il movimento essenziale e originale del testo pirandelliano.

Al ricordo statico di una creatura terribile subentra la visione inquietante di una persona divisa, lacerata da un dissidio insanabile tra una parte disperata, che soffre, e una parte segreta, che sfugge a lei stessa, che è incontrollabile e che rende incontrollabili i suoi atti. La figura della protagonista si tramuta in un'Erma bifronte. Un volto continua a emanare il fascino minaccioso della figura primordiale femminile, che imprigiona e divora; l'altro intriga attraverso il malessere che gli effetti di quel potere producono su di lei e attraverso la pietà di Serafino per le sue oscure radici. L'ambivalenza della fantasia crea l'ambivalenza della rappresentazione: un aspetto della

---

[13] *Op. cit.*, p. 657.
[14] S. WEIL, *Quaderni*, Adelphi, Milano 1980, vol. III, p. 189.

protagonista non riesce a coniugarsi con l'altro. Ma è proprio la doppia focalità della percezione a connotarla di quel carattere di tragicità, che si riflette sul personaggio e le assegna il ruolo di simbolo tragico che investe l'andamento della vicenda:

> Ella è veramente tragica: spaventata e rapita, con negli occhi quello stupor tenebroso che si scorge negli agonizzanti, e a stento riesce a frenare il fremito convulso di tutta la persona[15].

È come se nella trama di un sogno elementare, nel quale una figura si contrappone a una figura di segno contrario, si iscrivesse un sogno più complesso, la cui struttura profonda, scinde ogni singola figura nella varietà delle sue sovradeterminazioni.

Con la Nestoroff, la figura umoristica mostra la propria genesi nel terreno delle rappresentazioni psichiche: e qui acquista la carica di devianza rispetto alle modalità di una conoscenza circoscritta entro processi logici e lineari.

La scomposizione dell'immagine della donna in valenze oppositive si riflette sugli altri personaggi femminili. Nell'opposizione, ad esempio, fra Nenè Cavalena e la figlia Luisetta: la giovane, dolce, timida giovanetta — che suscita intense emozioni («Sentimenti... signorina Luisetta! Voi non sapete che cosa siano e quali inebrianti gioje possano dare!»[16]) e l'anziana signora, devastata e devastante, che divora, con la sua, l'esistenza della figlia e del marito:

> ... Faccia di vecchia bambola scolorita. Un casco compatto di capelli già quasi tutti grigi le opprime la fronte bassa e dura, in cui le sopracciglia giunte, corte, ispide e dritte, sembrano una sbarra fortemente segnata a dar carattere di stupida tenacia agli occhi chiari e lucenti di una rigidezza di vetro[17].

---

[15] *Quaderni, op. cit.*, p. 557.
[16] *Op. cit.*, p. 606.
[17] *Op. cit.*, p. 626.

Le due donne sono la raffigurazione oggettiva e discordante dell'aspetto terribile e distruttivo del femminile e del suo aspetto positivo, benefico. Il loro contrasto prolunga sul piano reale ed espande a livello diegetico l'effetto esplosivo e lacerante che in Serafino genera la percezione ambigua della Nestoroff.

La Nestoroff assomma in sé il fascino perturbante di Luisetta e la potenza negativa della madre.

La forma del conflitto che la disarticolazione della figura della protagonista genera nella coscienza del narratore produce le forme enigmatiche del linguaggio e del contenuto del narrato. Enigmatico si presenta, a livello di superficie del testo, il comportamento della protagonista: da una parte essa sollecita, stimola, favorisce il desiderio degli uomini, dall'altra, sottraendosi o concedendosi come «freddo» oggetto, punisce questi per la natura del loro desiderio:

> Tutti [...] rimangono abbagliati dal suo corpo elegantissimo, e non vogliono aver altro, né saper altro di lei. E allora ella li punisce con fredda rabbia, là dove s'appuntano le loro brame; ed esaspera prima queste brame con la più perfida arte, perché più grande sia poi la sua vendetta[18].

Ma la relazione che l'asse del discorso istituisce tra l'atteggiamento dei suoi amanti («essi non vogliono aver altro né sapere altro di lei») e la condotta della protagonista («ed essa allora li punisce con fredda rabbia») infonde alla insensatezza apparente di lei il senso ulteriore e divergente di una sofferta reazione alla distorsione del desiderio maschile. Il riconoscere gli uomini esclusivamente se stessi e il negare l'alterità della donna, se costituiscono il meccanismo inconscio di difesa dalla sua diversità, creano anche l'orizzonte in cui le possibilità della relazione con lei si annullano ed essi precipitano nell'innaturale e irrealizzabile fantasia egotica di esorcizzare questa

---

[18] *Op. cit.*, p. 558.

diversità attraverso il possesso e il dominio del corpo. Il possesso del suo corpo non è che il dominio su di lei. La protezione materiale di cui la fanno oggetto è la garanzia della sua debolezza.

Il desiderio ossessivo di Varia, che è uno dei nuclei generativi dell'intreccio reale del romanzo, è pertanto il sintomo dello slittamento psichico della sua figura. La bramosia sfrenata degli uomini («la fame bruta del senso»[19]), che li conduce fino alla morte, al suicidio, è la forma che assume, nell'ordito semantico manifesto, il loro bisogno d'imprigionare, di soffocare il femminile. Un'irruente coazione inconscia induce loro a spostare l'immagine della donna da una polarità trasgressiva, irriducibile ai valori maschili, al livello che ne permette il disinnescamento e la degradazione. La riscoperta del corpo, che è propria del desiderio naturale, e che è esaltante, è il loro delirio narcisistico di onnipotenza a modificarla nella strumentalizzazione del corpo, che frustra. Così dice Barthes seguendo il discorso di Proust:

La prova è data dal fatto che, se il corpo che sto scrutando si scuote dalla sua inerzia, se si mette a fare qualcosa, il mio desiderio cambia; se, per esempio, vedo l'altro pensare, il mio desiderio cessa di essere perverso e ridiventa immaginario: io ritorno a un'Immagine, a un Tutto: io amo di nuovo[20].

È il tracciato di questo spostamento a convertire, nel romanzo, l'*eros*, da sentimento vitale — che mette in contatto con l'altro, che spinge a conoscerlo, a confrontarsi con lui e a trasformarsi — nella pulsione distruttiva dell'«ombra» nemica interiore, che anima il sistema delle immagini del testo.

L'amore — scrive Hillman — eccita la paura. Siamo spaventati

---

[19] *Op. cit.*, p. 562.
[20] R. BARTHES, *Frammenti di un discorso amoroso*, Adelphi, Milano 1979, p. 93.

di amare e spaventati nell'amore, compiamo propiziazioni magiche, ricerchiamo segni e chiediamo protezione e guida[21].

La propiziazione è l'«abbassamento» immaginario della Nestoroff. La protezione la sua mortificazione. Ed essa, estraneata da una parte di sé, ridotta a preda, fa del suo corpo degradato lo strumento della sua rabbia e del suo rancore, degradandolo essa stessa e degradando con ciò il piacere di chi la desidera:

Nemici per lei diventano tutti gli uomini, a cui ella s'accosta, perché l'ajutino ad arrestare ciò che di lei le sfugge: lei stessa, sì, ma quale vive e soffre, per così dire, *di là da se stessa* [...] si vendica, facendo oggetto, improvvisamente e freddamente, del suo corpo a chi meno essi si aspetterebbero: così, là, per mostrar loro in quanto dispregio tenga ciò che essi sopra tutto pregiano di lei[22].

Nel 1923, in *Ciascuno a suo modo*, l'opera teatrale che traspone drammaticamente alcuni temi del romanzo, Delia Morello — che impersona nella scena la figura della Nestoroff — quasi con le medesime parole di lei, esclamerà:

Sono proprio condannata ad odiare come nemici tutti coloro a cui m'accosto perché m'ajutino a comprendermi? Abbagliati dai miei occhi, dalla mia bocca... e nessuno che si curi di ciò che più mi bisogna [...] E io allora li punisco, là, dove s'appuntano le loro brame; e prima le esaspero codeste brame che mi fanno schifo, per meglio vendicarmi; facendo getto, all'improvviso, di questo mio corpo a chi meno essi s'aspetterebbero[23].

Scrive la Beauvoir: «l'uomo pretende che la donna faccia

---

[21] J. HILLMANN, *Il mito dell'analisi*, Adelphi, Milano 1979, p. 93.
[22] *Quaderni, op. cit.*, p. 558.
[23] *Ciascuno a suo modo*, in «Maschere nude», *op. cit.*, vol. I, atto I, p. 168.

onestamente il suo gioco, mentre con la sua diffidenza e con la sua ostilità, le nega le carte indispensabili»[24].

Quanto viene negato alla Nestoroff, l'aspetto positivo dell'anima, non si attiva neanche in lei e la sua trasgressività è la risposta inconsapevole alla mancanza di comprensione: «Ha in sé qualche cosa questa donna, che gli altri non riescono a comprendere...»[25].

Le istanze della sua interiorità, ignorate e ignote, umiliate e offese rimangono al livello elementare di pulsioni cieche, indomabili, indistinte e indifferenziate. Come irruzione di un'altra persona in lei, esse la trascinano nella spirale di un meccanismo aggressivo e inconsapevole e la sottopongono ad una volontà di potenza che investe lei e quanti le stanno intorno. La seduzione è l'unica forma di potere che le è concessa e la Nestoroff la usa come un'arma mortale.

Il sistema deviato dei rapporti umani agisce su Varia in modo tale da non farle superare l'identificazione con il modello narcisistico maschile e da non farle conquistare la propria identità femminile e la propria autonomia d'individuo autosufficiente e psicologicamente originale. Di qui il prevalere in lei di atteggiamenti reattivi e vendicativi, che segnalano il fallimento dello sviluppo della sua femminilità: «Le donne [che] si vedono come proiezione del desiderio maschile, inconsciamente hanno ceduto alla suggestione del pensiero maschile» scrive la Horney[26].

La protagonista non raggiunge quel livello di coscienza che le permetta di conquistare il sentimento di sé, di valorizzarsi, di riconoscere i propri desideri e di segnare la distanza dal partner. Essa si annulla nella valutazione altrui; si blocca dietro la rigida maschera della femminilità, concepita e concepibile dagli uomini, che irrigidisce la sua trasparenza e la sua

---

[24] S. DE BEAUVOIR, *Il secondo sesso*, Il Saggiatore, Milano 1961, vol. II, p. 510.
[25] *Quaderni, op. cit.*, p. 555.
[26] K. HORNEY, *Fuga dalla femminilità*, in *Le donne e la psicoanalisi*, a cura di J.B. Miller, Boringhieri, Torino 1976.

fluidità. Il processo sarà definito esattamente da Marta, l'«amica delle mogli»:

> Avevano una faccia, Dio, che poteva esprimere tutto, la gioja se la sentivano, il dolore se lo sentivano, la maraviglia d'esser vive: se ne sono fatta una maschera dove è dipinta solo una cosa, la più laida: il vizio, l'oscenità[27]!

L'aggressività della Nestoroff è pertanto la faccia complementare della maschera di vizio e di oscenità, che le è stata imposta. Non uscendo dal territorio che la cultura maschile le assegna, la ribellione del personaggio rimane una risposta non congrua al disprezzo maschile dei suoi diritti e all'interdizione collettiva a considerare la donna come persona.

Cosa vorrebbe Varia? Cosa vorrebbero Delia Morello, la Signora Morli, Ersilia e le altre? Vorrebbero che le immagini che di loro si fanno i mariti, gli amanti, i compagni, gli amici, rappresentassero loro e non fossero le fantasie narcisistiche, le deformazioni in cui esse si perdono, si annullano. Il comportamento della Nestoroff esprime pertanto un bisogno insoddisfatto. Il bisogno di ritrovare e scoprire negli occhi maschili la realtà sua, «ciò che di lei sfugge a se stessa», e non una contraffazione, un inganno. L'appello di Varia è un appello di comprensione, di riconoscimento, il quale non è che una offerta e una richiesta, sia pur mascherate, di amore. L'amore che si converte in un'inimicizia mortale per gli uomini che glielo negano e che, nella loro percezione, la fa regredire alla figura archetipica della donna terrificante, che è necessario distruggere per poter sopravvivere. Nell'immaginario maschile Varia assume le sembianze di Medea, la lunare nipote del Sole[28].

Il tormento che la Nestoroff infligge ai suoi partners è

---

[27] L. PIRANDELLO, *L'amica delle mogli*, in *Maschere nude, op. cit.*, vol. II, atto II, pp. 137-138.
[28] Cfr. K. KERENJÌ, *L'assassina*, in *Le figlie del sole*, Bollati Boringhieri, Torino 1991.

dunque l'oggettivazione della sua privazione come il suo tormento scaturisce dal tormento che essi, attraverso lei, infliggono a se stessi. La condotta maschile, che nega il femminile e che si sottrae al confronto con esso, e la condotta femminile, che subisce la negazione e non sviluppa una propria autostima, rivelano, nella struttura inventiva dei *Quaderni*, l'ostilità complementare e l'inconsapevole complicità, che annienta entrambi: «il circolo vizioso è tanto difficile da spezzarsi perché i due sessi sono ognuno vittima nello stesso tempo dell'altro e di sé»[29].

Il destino di morte della Nestoroff non è che la conseguenza della passiva, immatura sua subordinazione al giudizio degli uomini. Il destino di perdizione del Mirelli e del Nuti non è che il risultato della riduzione della donna a simbolo negativo di una potenza minacciosa, la cui seduzione, latente, mette in crisi la loro identità e il loro potere maschile. Come un'ombra esso insidia la struttura chiara e luminosa della loro coscienza. Ed essi, non riuscendo a tradurre l'ambivalenza del simbolo, così da svilupparne e reintegrare in sé la dimensione positiva, lo rimuovono e lo modificano nella fantasia di una Nestoroff identificata con la sua parte materica, aggressiva, e trasformata in fiera. La metamorfosi di Varia in tigre, nel testo, ridelinea pertanto, a livello simbolico, la dinamica dell'immaginario maschile che, da secoli, configura in un primordiale animale (serpente, cane, mucca, ecc.) la propria parte femminile abissale e oscura, che tenta la potenza virile e attenta al suo dominio.

La figura inconscia della Madre mortifera e infedele, che sceglie continuamente giovani da amare e sedurre, si trasforma nelle sembianze ostili della «etera»: la seduttrice volubile e incostante, apportatrice di morte e di distruzione[30], quale è

---

[29] S. DE BEAUVOIR, *op. cit.*, cap. V, vol. II, p. 511.
[30] E. NEUMANN, *Storia della origine della coscienza*, Astrolabio, Roma 1978, pp. 98 ss.

stata la valutazione del femminile intrinseca nelle religioni patriarcali e nella cultura occidentale.

A differenza di Silvia, di Marta e di altre figure di donne dell'opera pirandelliana, la vicenda della protagonista di questo romanzo più che delineare la differenza e l'originalità del femminile, coglie la resistenza maschile ai suoi caratteri. La distruttività della Nestoroff non è che la proiezione del bisogno distruttivo degli uomini: distruggere nella donna tutta la virtualità sconvolgente degli istinti, delle passioni proprie, che deviano dalla Legge; negare, negando lei, l'ombra loro che si insinua dentro il loro essere coscienti e consapevoli.

A sbranare, pertanto, è una Nestoroff che è sbranata. A mettere in moto meccanismi di morte è una Nestoroff che è uccisa. La tigre che assale è la tigre che è assalita.

La fantasia sadica della donna, che distrugge, si rovescia, nel testo, nella fantasia masochistica dell'autodistruzione maschile.

La interazione psichica tra l'aspetto della vittima e l'atteggiamento del carnefice, se rimane al di qua della percezione consapevole dell'autore, attiva non di meno le immagini scrittorie, nelle quali la serie evenemenziale concreta fa trasparire la conflittualità interiore che le produce.

È questo il momento in cui il tema del cinema mostra la assunzione del suo procedimento nell'elaborazione della struttura romanzesca. La scissione tra la reale persona dell'attrice e le sembianze sue, fissate dalla pellicola —

— resta ella stessa sbalordita e quasi atterrita delle apparizioni della propria immagine su lo schermo, così alterata e scomposta. Vede lì una, che è lei, ma che ella non conosce. Vorrebbe non riconoscersi in quella; ma almeno conoscerla[31] —

---

[31] *Quaderni, op. cit.*, p. 557.

è l'omologo dello sdoppiamento narrativo del personaggio tra il modo in cui esso è e il modo in cui è per gli altri. Lo spazio della scena dissolve la fisicità dell'attrice e modifica questa da segno della vita a segno di una interpretazione della vita esattamente come la figura testuale della protagonista non rappresenta che la sua dimensione immaginale nello scenario del narratore. La camera è il luogo analogo a quello che produce le figurazioni del discorso letterario: entrambi realizzano una dislocazione in direzione di un luogo d'origine del senso altro rispetto alla realtà e al pensiero.

La finzione — l'ombra — in cui l'operatore Serafino trasforma un corpo vivo — «e colui che... spoglia (gli attori) della loro realtà e la dà a mangiare alla macchinetta; che riduce ombra il loro corpo, chi è? Sono io, Gubbio»[32] — è analoga alla raffigurazione che il narratore Serafino fa della donna. Entrambe le operazioni trascrivono una trasmutazione di codici: dal codice oggettivo al codice immaginario. Il gioco dello sguardo s'intreccia con il gioco della fantasia fino a far coincidere l'oggetto dell'uno con il prodotto dell'altra. La linearità del concetto è sostituita dallo spazio multiplo dell'immagine, che precede, stimola e indirizza l'attività del pensiero. È già delineata la dinamica pirandelliana tra lo spettacolo e lo spettatore, fra l'attore e il personaggio, fra l'osservato e l'osservatore: le interferenze incessanti e reciproche tra ciò che è visto e chi vede. L'attore vive delle mille vite e muore delle mille morti del personaggio. E il personaggio è quello che lo spettatore vede in lui: nello stesso modo in cui lo spettatore è quello che egli stesso vede nel personaggio. È questo caleidoscopio di prospettive, che, al di là di tutte le distinzioni di forma e genere, accomuna le arti e crea la loro potenza visionaria. La potenza visionaria delle opere dello scrittore siciliano.

La frequenza altissima, nel testo, dei verbi «vedere», «guardare» e dei sostantivi «vista», «sguardo» segnala la funzione che l'atto di vedere svolge nella costruzione del testo. Il

[32] *Op. cit.*, p. 586.

continuo slittamento dall'ambito delle immagini visive all'ambito delle immagini letterarie, e da questo a quello, rivela l'analogia dei due livelli semantici. La realtà è ciò che si configura attraverso le percezioni ottiche:

> [...] l'azione *viva* del loro corpo *vivo*, là, su la tela dei cinematografi, non c'è più: c'è la *loro immagine* soltanto, colta in un momento, in un gesto, in una espressione, che guizza e scompare[33].

Nel medesimo modo essa è ciò che prende forma attraverso le impressioni della coscienza, che si sovrappongono, si sostituiscono ai caratteri oggettivi delle cose, delle persone:

> Tutte le impressioni che ebbe di lei, forse derivarono solamente da quella luce di cui la illuminava: impressioni, dunque, solamente per lui[34].

Come l'occhio coglie solo ciò che si costituisce nello sguardo, la coscienza vede esclusivamente ciò che prende forma entro il suo scenario. L'ordito delle cose è sostituito dalla trama delle apparenze loro: fantasmi originari che assumono la veste del quotidiano e del noto. La Nestoroff attrice vive della sola vita che le conferisce la vista altrui come la Nestoroff personaggio vive nella sola dimensione fantasmatica, costruita dalle parole del narratore. La sua funzione è seduttiva, proprio e in quanto essa non «è» che gli spettri che evoca. Come il Don Giovanni mozartiano, la protagonista pirandelliana ha il proprio «motivo» nell'insinuarsi e nel produrre i «motivi» altrui.

La professione di attrice diviene la metafora della non appartenenza a sé del personaggio. Il luogo della recita — il teatro e il cinema — è il luogo ove si celebra l'espropriazione della realtà dell'attore attraverso l'immagine che hanno gli altri di lui.

---

[33] *Op. cit.*, p. 585.
[34] *Op. cit.*, p. 561.

Come personaggio cinematografico o come personaggio letterario l'essenza della Nestoroff è data solo dalla «assenza» della sua figura reale, che si colma degli sguardi e delle fantasie degli altri. Di qui nasce la sua polivalenza e il suo ruolo di simbolo: simbolo di un linguaggio latente, arcano che proviene dalla zona oscura dell'animo e che è generato da una mancanza. Quella mancanza, che produce una sensazione sfuggente e dolente di nostalgia, inesprimibile in forme verbali definite.

Il rapporto tra il momento visivo sensibile non linguistico e il momento linguistico non sensibile fa assumere alla sua figura, nel testo, il valore di una icona di senso, ove si deposita un flusso dinamico di immagini molteplici.

L'immagine della donna, posseduta da Serafino e costruita dalla sua esperienza soggettiva, è duplice e la sua duplicità è deviante rispetto alla codificata e unilaterale immagine che ne hanno i suoi amanti. Gli uomini percepiscono la Nestoroff come l'oggetto del proprio piacere e il pennello di Giorgio Mirelli ritrae, in composizioni sublimate e irreali, non lei, ma il suo desiderio.

> [...] questa donna egli non vide qual era [...] ma nella figurazione fantastica, che egli subito se ne fece, e illuminata dalla luce che le diede. Per lui i sentimenti devono essere colori, e forse, preso tutto dalla sua arte, non aveva più altro sentimento, che dei colori[35].

Un'ulteriore negazione, la peggiore: «Un angelo, per una donna, è sempre più irritante di una bestia!». E l'affermazione sarà ripetuta da Delia in *Ciascuno a suo modo*. L'idealizzata astrazione artistica, infatti, non è che una versione rafforzata della negazione di lei come realtà. Rifiutata, essa produce in chi guarda le tele, prima fra tutti in colei che le ha ispirate, l'effetto di una condanna per l'inadeguatezza del modello vero al modello ideale, che provoca nella donna un profondo

---

[35] *Ibidem*.

senso di colpa, analogo al terrore che le suscitano le proprie apparizioni nello schermo. L'artificio filmico, che derealizza l'attrice, è omologo alla derealizzazione della donna nei suoi ritratti pittorici. Se i quadri del Mirelli costruiscono un'immagine migliore e la pellicola restituisce un'alterazione di lei al negativo, entrambi i procedimenti non la fanno esistere che come invenzione. Ed è questa invenzione che si riflette, deformandosi e alterandosi, nell'invenzione che essa fa di se stessa:

> S'era guastata, s'era ritinti i capelli, s'era ridotta in quella realtà miserabile, conviveva con un uomo grossolano e violento, per fare strazio di sé[36].

Quanto è negato dal Mirelli assume, nell'immaginario della Nestoroff, i tratti di uno spettro ossessionante — lo stesso spettro delle riprese filmiche e che è rievocato dalle immagini letterarie del romanzo. La parte della donna, che il timore degli uomini esorcizza, si trasforma in lei e per lei nel fantasma terrifico, che la invade e la tiene prigioniera e della cui presenza si punisce quale fosse il risultato di un fallo volontario:

> Dal modo in cui mi guardò, dalla contrazione dolorosa delle ciglia e delle labbra, da tutto l'atteggiamento della persona compresi che ella non solo sentiva di meritarsi il mio sdegno, ma lo accettava e me n'era grata, perché in questo sdegno, da lei condiviso, assaporava il castigo del suo delitto e della sua caduta. [...] Solo in questa ferma e fiera intenzione di disprezzarsi si sentiva ancor degna del sogno luminoso [...] di cui le restava la testimonianza viva e perenne nel prodigio di quelle sei tele[37].

Lo sguardo alienato degli altri è alienante. L'ombra nemica, che la Nestoroff vede in sé, attiva l'ombra inquietante che gli uomini vedono e temono in lei.

[36] *Op. cit.*, p. 689.
[37] *Ibidem.*

La danza dei punti di vista imprime alla vicenda il ritmo circolare, che la ripropone all'infinito: Serafino *vs* personaggi maschili; personaggi maschili *vs* Nestoroff; Nestoroff *vs* la seconda dimensione di se stessa; la seconda dimensione della protagonista *vs* Serafino, Serafino *vs* se stesso. Il punto d'arrivo ritorna al punto di partenza, ma rifratto in un fascio di direzioni, che rendono dinamico il percorso e ambiguizzano il momento della coincidenza.

Ma lo sguardo alienato non è che la forma della alienazione di chi lo narra. Nel momento in cui Serafino-Pirandello riesce a sdoppiare negli altri la resistenza propria all'alterità del femminile, questa resistenza, come attraverso una superficie riflettente, diviene visibile e rappresentabile e il dramma della Nestoroff denuncia il dramma psichico di chi sta raccontando.

La fragilità del personaggio femminile che, privo del sentimento di sé, vive come proiezione del desiderio maschile, rivela la fragilità dell'immagine della donna che Serafino possiede. Esattamente come la frammentarietà di questa immagine trascrive la frammentarietà di lui. La dicotomia della protagonista, donna e animale, ispira l'analogia con la tigre. Ed essa dice altrimenti, artisticamente, la paura che il narratore ha delle energie naturali e istintive, che la Nestoroff trasgressivamente esprime. Varia è il suo lato abissale: l'alter ego, annidato nelle zone profonde, il cui linguaggio, come l'eco inverte la fonte della voce, può invertire il silenzio. Il silenzio può non essere più muto, può divenire uno strumento di espressione e di partecipazione:

> [...] come sento, in certi momenti, il mio silenzio di cosa! [...] Vorrei non parlar mai; accoglier tutto e tutti in questo mio silenzio, ogni pianto, ogni sorriso; non per fare, io, eco al sorriso; non potrei; non per consolare, io, il pianto; non saprei; ma perché tutti dentro di me trovassero, non solo dei loro dolori, ma anche e più

delle loro gioje, una tenera pietà che li affratellasse almeno per un momento[38].

Ma la carica emotiva, che trascorre nell'intensità delle espressioni verbali, non riesce a tradursi in una visione trasformata della vita.

La pietà di Serafino per la Nestoroff, per gli altri e per se stesso, non attinge ancora al livello interiore di comprensione del dolore e di elaborazione della sofferenza, ove crollano tutte le resistenze mentali e esplodono le emozioni davanti al disordine dell'esistenza. Come avverrà, ad esempio, nella potente rappresentazione dello strazio impietrito della Madre e della lucida disperazione della Figlia nei *Sei personaggi*. Nei *Quaderni* l'argine difensivo ancora resiste. Esso induce l'autore alla presa di distanza dalla materia attraverso una forma narrativa, apparentemente oggettiva, che ha la funzione, inconsapevole, di tenerlo lontano dalle motivazioni vere delle sue fantasie. Ma esse operano sulla scrittura e finiscono per alterare il disegno volontario.

Se i luoghi d'origine della metamorfosi sono il desiderio, il bisogno del femminile, la censura li traveste: nasce un conflitto di forze — la forza dell'istinto e la forza del suo travestimento — che mette in atto il processo di distorsione di senso cui Serafino sottopone la sua inquietudine e il suo disagio.

Il «dentro» deve rimanere «tormento» e «seccatura» perchè il «fuori» conservi il ruolo fittizio di ostacolo alla riammissione delle sue istanze. E della sua voce, come di un canto di sirene, che minaccia la rotta sicura e regolare delle navi, Serafino si deve inibire se non l'ascolto, la comprensione.

L'iter, che l'ha condotto a entrare in relazione con la complessità del personaggio femminile, non supera la prova più difficile. La spinta dei suoi richiami è tanto violenta da disorganizzare l'apparato psichico di Serafino, ma non abbastanza forte da imprimergli un nuovo orientamento: dar spa-

---

[38] *Op. cit.*, p. 607.

zio ed elaborare i fantasmi affioranti della sua interiorità fino a vincerne la paura, ad accettarli, ad amarli — che è il fondamento dell'equilibrio tra la psicologia individuale e la coscienza comune. Come rinnovato accordo con se stesso, è questo equilibrio a porre la premessa indispensabile ad accettare e amare gli altri. Nel 1924, in *Ciascuno a suo modo*, la consapevolezza del passaggio diviene esplicita nelle parole di Delia:

> Sapete che cosa significa «amare l'umanità»? Significa soltanto questo: «essere contenti di noi stessi». Quando uno è contento di se stesso «ama l'umanità»[39].

Quei fantasmi, ancorché inconsci, sono tuttavia produttivi. La loro suggestione è la seduzione che la tigre, nei *Quaderni*, esercita sul protagonista:

> Questo, o bella belva, t'aspetta. Tu non lo sai, e guardi di tra le sbarre della gabbia con codesti occhi spaventevoli [...]. Vedo quasi vaporare da tutto il tuo corpo, com'alito di bragia, la tua ferinità, e segnato nelle nere striature del tuo pelame l'impeto elastico degli slanci irrefrenabili. Chiunque t'osservi da vicino, gode della gabbia che t'imprigiona e che arresta anche in lui l'istinto feroce, che la tua vista gli rimuove irresistibilmente nel sangue[40].

La vista della belva evoca un'immagine indefinita di qualcosa di vitale, di istintuale, di seducente; inaccessibile, però, e inibito al «civilizzato» Serafino. Qualcosa di irrecuperabile, che produce un sentimento commisto di invidia, di turbamento e di terrore, quale è espresso dall'ambiguità del tono scrittorio. La gabbia che imprigiona la fiera non è, in definitiva — e il testo lo suggerisce — la gabbia che imprigiona l'istinto del protagonista? L'istinto «feroce» è anche «alito» di vita: l'alito della sua vita, alienata, imprigionata, che la tigre «rimuove nel sangue» suo e che egli trasferisce su di lei. L'anima-

---

[39] *Ciascuno a suo modo, op. cit.*, vol. I, atto I, p. 169.
[40] *Quaderni, op. cit.*, p. 577.

le terribile si associa all'animale fecondo, che è anch'esso parte di Serafino: e la sua ambivalenza è il simbolo del legame misterioso tra la vita e la morte. Ma la condizione paradossale del protagonista è che per difendersi dall'uno deve sacrificare l'altro, per liberarsi di una minaccia deve distruggere una speranza:

> La bella innocenza ingenua della tua [*della tigre*] ferocia rende qua nauseosa l'iniquità della nostra. Vogliamo difenderci da te, dopo averti portata qua, per nostro piacere, e ti teniamo in prigione: questa non è più la tua ferocia; quest'è ferocia perfida! [...] E io, che t'amo e t'ammiro, quando t'uccideranno, girerò *impassibile* la manovella...[41].

«Ingenua ferocia» *vs* «ferocia perfida»; naturalità *vs* «iniquità»; amore *vs* impassibilità: le opposizioni lessicali generano l'ambiguità semantica del brano. La sua tessitura produce una profonda e sottile trasposizione d'immagini, da cui emerge l'analogia implicita, sottesa al senso delle analogie evidenti. Nello spazio di questa analogia si determinano connessioni associative, che la trama dei fatti reali e la concatenazione dei ragionamenti — che li giustificano e li commentano — occultano e mascherano. Il narrato si traduce in una dinamica di immagini di «sé» del narratore che rappresentano il passaggio essenziale dalla dimensione reale del romanzo alla sua funzione metaforica. La Nestoroff è la tigre: ma se la tigre è Serafino, il passaggio ulteriore è che la Nestoroff diviene Serafino.

Quanto ho sostenuto più volte, nel corso della presente lettura del romanzo, viene ad essere confermato dal rapporto tra le funzioni che i protagonisti assolvono nella strategia narrativa. È questa relazione complessa che, attraverso l'identità di uno dei membri della doppia similitudine (Nestoroff uguale tigre, Serafino uguale tigre), istituisce la coincidenza degli

---

[41] *Op. cit.*, pp. 577-578.

altri due: del personaggio maschile con il personaggio femminile. Il confronto-conflitto di Serafino con Varia, si commuta pertanto nel confronto-conflitto di Serafino con se stesso: della sua componente maschile con la sua componente femminile e dell'irrisolta ambiguità di questa.

È attraverso la narrazione che Serafino-Pirandello libera entro di sé il lato suo, segreto e oscuro, che è la Nestoroff, ed è grazie a lei che diviene narratore. Ma è questa parte, non interiorizzata, non assimilata a sé, a creare il dissidio che connota il suo narrare. Le sue modalità, a livello formale di composizione del racconto e a livello tematico d'invenzione, offrono un quadro di elementi e di momenti eterogenei: rovine si mescolano ad abbozzi, resti a inizi, e la loro compresenza, come se ci trovassimo in un laboratorio, crea lo scenario provvisorio di una demolizione che è allo stesso tempo il fondamento di una nuova costruzione: un'eredità degradata da liquidare, un difficile progetto, ancora inconsapevole, da elaborare.

Diversamente da quanto narrato nelle fiabe e nei miti, che trascrivono fantasticamente l'eterna ricerca di sé da parte dell'uomo, nei *Quaderni*, l'animale non ha la forza di assumere dimensioni umane. Esso continua a rappresentare l'agguato del mondo naturale al mondo dello spirito. Alla minaccia dei suoi «slanci» si deve rispondere con la repressione, tradotta, nei termini reali dell'intreccio, in uccisione, la quale è la forma estrema di un dominio che sta declinando. Se la Nestoroff non è che la tigre, deve sparire, deve morire, anche se la sua morte sancisce la morte di chi la cancella e l'uccide: la morte reale del Nuti, che concretamente compie l'atto di sparare, la morte metaforica del narratore che, con quel colpo di fucile, sanziona la rinuncia a cogliere l'origine del suo blocco emotivo e non può pertanto scioglierlo. Il delitto è inconscio — «si può commettere un delitto *di nascosto anche a se stesso*»[42] — ma il senso di colpa travolge comunque chi l'ha compiuto. E

[42] *Op. cit.*, p. 622.

l'ombra della vittima — l'ombra della donna — sotto altre vesti e sotto altri aspetti continuerà a turbare l'immaginazione dello scrittore.

La sequenza della morte — di Varia, di Nuti, della tigre — è una sorta di reportage in diretta, di strordinaria efficacia rappresentativa:

> E io mi misi a girare la manovella, con gli occhi ai tronchi in fondo, da cui già spuntava la testa della belva, bassa, come protesa a spiare in agguato; vidi quella testa piano ritrarsi indietro, le due zampe davanti restar ferme, unite, e quelle di dietro a poco a poco silenziosamente raccogliersi e la schiena tendersi ad arco per spiccare il salto. La mia mano obbediva impassibile alla misura che io imponevo al movimento, più presto, più piano, pianissimo, come se la volontà mi fosse scesa — ferma, lucida, inflessibile — nel polso, e da qui governasse lei sola, lasciandomi libero il cervello di pensare, il cuore di sentire; così che seguitò la mano a obbedire anche quando con terrore io vidi il Nuti distrarre dalla belva la mira e volgere lentamente la punta del fucile là dove poc'anzi aveva aperto fra le frondi lo spiraglio, e sparare, e la tigre subito dopo lanciarsi su lui e con lui mescolarsi, sotto gli occhi miei, in un orribile groviglio. Più forti delle grida altissime levate da tutti gli attori fuori della gabbia accorrenti istintivamente verso la Nestoroff caduta al colpo, più forti degli urli di Carlo Ferro, io udivo qua nella gabbia il sordo ruglio della belva e l'affanno orrendo dell'uomo che s'era abbandonato alle zanne, agli artigli di quella, che gli squarciavano la gola e il petto; udivo, udivo, seguitavo a udire su quel ruglio, su quell'affanno là, il ticchettìo continuo della macchinetta, di cui la mia mano, sola, da sé, ancora, seguitava a girare la manovella; e m'aspettavo che la belva ora si sarebbe lanciata addosso a me, atterrato quello; e gli attimi di quell'attesa mi parevano eterni e mi pareva che per l'eternità io li scandissi girando, girando ancora la manovella, senza poterne fare a meno, quando un braccio alla fine s'introdusse tra le sbarre armato di rivoltella e tirò un colpo a bruciapelo in un'orecchia della tigre sul Nuti già sbranato; e io fui tratto indietro strappato dalla gabbia con la manovella della macchinetta così serrata nel pugno, che non

fu possibile in prima strapparmela. Non gemevo, non gridavo: la voce, dal terrore, mi s'era spenta in gola, per sempre[43].

La scena possiede una carica emotiva che pare prodotta dalla riattivazione di una immagine simbolica. Come se in essa, inconsapevolmente, lo scrittore riproducesse l'antico mito delle «nozze di morte», durante le quali la donna veniva sacrificata all'ostilità maschile[44].

La struttura scenografica è stata dai critici ricondotta a un gusto spettacolare dello scrittore, sintomo evidente del suo futuro di drammaturgo e, soprattutto direi, di uomo di cinema. Da una prospettiva di storia della sua arte, non c'è nulla da obiettare. Ma una attenzione al ritmo rapido, incalzante della sequenza — con la concentrazione dei verbi d'azione, con la sovrapposizione dei piani («la tigre subito lanciarsi su lui e con lui mescolarsi, sotto gli occhi miei in un orribile groviglio»), con l'espandersi dell'impressione soggettiva sui dettagli descrittivi, con l'effetto di risonanza interiore di ciò che sta accadendo, con la relazione complessa tra il Nuti e l'operatore («e m'aspettavo che la belva ora si sarebbe lanciata addosso a me, atterrato quello»), tra la tigre e l'attrice, con la dilatazione del tempo («e gli attimi di quell'attesa mi parevano eterni e mi pareva che per l'eternità io li scandissi girando, girando ancora la manovella senza poterne fare a meno») — può produrre un effetto amplificato da porre all'origine della suggestione dell'episodio. Come se le linee dello spettacolo esterno, percepibile dagli occhi, venissero sostituite dalla struttura di uno spettacolo interno e l'abbondanza di particolari agghiaccianti fosse determinata dall'irrompere di un terrore profondo, incontenibile. Un terrore generato da una sorta di sentimento premonitore dell'esito catastrofico di una condotta esistenziale, che coinvolge nello stesso orrore personaggi e narratore.

[43] *Op. cit.*, pp. 732-733.
[44] E. NEUMANN, *Amore e psiche*, Astrolabio, Roma 1989, p. 45 ss.

Al di là del raccapriccio naturale della scena, è proprio ciò che essa configura nell'animo di Serafino a provocare lo shock. Se s'interpreta lo sbranamento del Nuti non solo a livello letterale, ma a livello simbolico di smembramento della sua coscienza, esso può assumere la valenza, ulteriore, occulta, del modo in cui il narratore si rappresenta la condanna della propria lacerazione psichica. L'affronto che la «vanità da pagliaccetti» del Nuti ha recato alla dignità della donna, ignorandone l'essenza e le esigenze, scatena la reazione distruttiva del femminile, che, sotto la sembianza metaforica della tigre, lo dilania. Ma la sorte del Nuti è lo specchio in cui Serafino vede la sua sorte e l'effetto è paralizzante:

Non gemevo, non gridavo: la voce dal terrore, mi s'era spenta in gola per sempre[45].

La perdita è definitiva. La gabbia reale, che imprigiona e rende innocua la belva, diviene il muro invisibile che divide il personaggio da se stesso; e la sua incapacità ad abbatterlo lo consegna a quella solitudine, a quella separatezza dal mondo, da cui si sente mutato, definitivamente, in oggetto, in cosa inerte e muta. Una sorta di pietrificazione. Ma la pietrificazione rinvia, per associazione, allo sguardo di Medusa, anche in assenza di una sua nominazione nel testo. E la figura di Medusa, sappiamo, è una delle personalizzazioni mitologiche del terribile e del demoniaco del femminile, che, come tutti i miti, esprime contenuti stratificati nel fondo della coscienza degli uomini.

Il tracciato latente del romanzo continua a emettere i segni dell'ambiguità coscienziale del narratore tra i balenii di una dimensione nuova e il tragico esito della precedente. La realtà «diversa» da quella che «normalmente» si percepisce — una realtà che sta «oltre la vista umana», «fuori dalle norme dell'umana ragione» — Serafino la intuisce, nella sua straordi-

---

[45] *Quaderni, op. cit.*, p. 733.

naria potenza, ma essa rimane, misteriosa, inattingibile e quindi terrifica. Quanto egli ha avvertito è sufficiente, tuttavia, a disgregare la struttura dell'esistenza quotidiana e a mostrargliela, come Pirandello l'aveva descritta nell'*Umorismo*: «priva di senso, priva di scopo»... quasi sospesa nel vuoto di quel nostro silenzio interiore[46].

Il vuoto, che si allarga dentro il personaggio, che arresta il tempo e lo spazio della sua vita e «sprofonda negli abissi del mistero» il suo silenzio.

Lo sguardo nemico maschile, che la Nestoroff introietta come proprio, la induce a farsene carico, ad attivarlo e a espiarlo in una sequenza di atti distruttivi, che hanno il ritmo di un cerimoniale ossessivo: lo sperpero del suo corpo, la convivenza con il rozzo Ferro, la provocazione sadica del Nuti, la costante sfida ai sentimenti degli altri — che la priva di affetti e simpatie. L'esserle stata negata una vita propria, la spinge, come l'Ersilia di *Vestire gli Ignudi* (1922), a disfarsi di quella che gli altri, come un abito di servizio, «sciupato»[47], hanno confezionato per lei. La repressione masochistica di tutti gli istinti affettivi, l'uso estremistico del suo potere, il piacere perverso del rischio estremo, non sono se non la messa in atto di un provocatorio processo inconscio di autoannientamento, che è l'esito della fuga dalla sua femminilità. Arrendersi ad essere soltanto ciò che gli uomini vogliono che sia, equivale in Varia a un «non essere», che include un delirio di *cupio dissolvi*, di desiderio di morte: la morte psichica di se stessa attraverso la morte degli altri.

Ma il dramma della Nestoroff, sappiamo, non è che espressione a livello d'invenzione narrativa, del dramma del narratore. La sorte di lei è speculare rispetto alla sorte di lui.

---

[46] *L'Umorismo*, in «Saggi, Poesie, Scritti varii», Mondadori, Milano 1973, p. 152.
[47] In *Maschere nude, op. cit.*,, vol. I, atto I, p. 876.

La fantasia di «fine del mondo» di Serafino costituisce la spia di una silenziosa catastrofe interna, provocata da una situazione conflittuale ineludibile, ma per lui, insuperabile. Egli rimane diviso tra l'istinto, che la presenza femminile ha riacceso, di partecipare al gioco dinamico delle possibilità latenti nella natura, di essere nel mondo, di sperimentare, come vissuto suo, i processi aperti e oscuri dell'esistenza e la paura maschile che blocca l'istinto. Ed è questa scissione che lo spinge ad isolarsi dagli altri uomini, a uscire dal mondo. E questo comportamento non è che l'inversione in se stesso di chi, avendo smarrito il senso del proprio destino, rinuncia a vivere. Perdita del proprio destino è, infatti, comprendere l'insensatezza di un modello di esistenza, in cui l'intero arco dei comportamenti umani è preconfigurato e codificato, e non sapere, non potere liberarsene. È una condizione di *impasse* — una sorta di trappola — che genera un impulso di distruzione e un immaginario di morte: una morte maschile, privata della nostalgia delle dolcezze femminili. Ed è la correlazione sottile e intrinseca tra stasi e annientamento che pone il romanzo fuori della tradizione e lo istituisce come testo esemplare della crisi dell'uomo contemporaneo.

La dicotomia, romantico-irrazionale, per cui «la vita non si spiega; si vive» — o si vive o ci si vede vivere — è il risultato di un procedimento intellettuale imperfetto: esso ha il merito di porre in mora il paradigma irrevocabile della razionalità classica — che è il fulcro dell'operazione rivoluzionaria di Pirandello («...la vita non bisogna porsela davanti, ma sentirsela dentro, e viverla...») — ma costituisce un anello di passaggio. Un passaggio necessario, come affermava Einstein — «Se non si pecca contro la ragione, non si combina nulla»[48] — tuttavia non sufficiente. La sua formula mantiene infatti arbitrariamente separato il mondo dell'esperienza dal mondo della conoscenza.

---

[48] *Lettera a M. Solovine*, 28 maggio 1955, in «Lettres a M. Solovine», Parigi 1956.

L'altro modo di conoscere la vita è trasferire la sua conoscibilità dall'astrattezza dei ragionamenti alla sua sperimentazione concreta. «Che cosa importa infine: vivere o sapere che si sta vivendo» si chiede Clarice Lispector nella sua immaginaria confutazione dei *tòpoi* della cultura occidentale e, con fulminante chiaroveggenza, conclude:

> se si arrivasse al punto di capirla, senza impazzire, però, non si potrebbe conservare la conoscenza come conoscenza, ma la si trasformerebbe in atteggiamento, in atteggiamento di vita; l'unico modo di possederla è di esprimerla interamente[49].

Proprio questa esperienza del mondo in sé, attraverso la discesa nel buio della propria anima è, come sappiamo ora noi dagli esiti ultimi della nostra storia e della nostra cultura, l'unica a poter modificare la funzione conoscitiva fino a restituirle lo spazio infinito delle sue potenzialità: lo spazio mentale delle grandi opere di Pirandello. Serafino lo sente, lo afferma: «La vita non si spiega; si vive». E l'esperienza di Vitangelo Moscarda ne è la testimonianza. La ragione di vivere è nella vita, non fuori di essa:

> E la vita non bisogna porsela davanti, ma sentirsela dentro, e viverla. [...] Com'ho capito bene queste cose in pochi giorni, da che sento veramente! Dico, da che sento *anche me*, perché gli altri li ho sentiti sempre in me, e m'è stato facile perciò spiegarmeli e compatirli[50].

Gubbio intuisce, che tra «l'uccidere e il morire c'è una terza via: vivere»[51]. Ma è la via che egli non sa imboccare. La capacità di «sentire» che la vicinanza della Nestoroff ha destato in lui ha tuttavia una tale energia illuminante da generare

---

[49] C. LISPECTOR, *Vicino al cuore selvaggio*, Adelphi, Milano 1987, pp. 66-75.
[50] *Quaderni, op. cit.*, pp. 662-663.
[51] C. WOLF, *Cassandra*, Edizioni E/O, Roma 1984, pp. 132.

una «sregolatezza» di emozioni — un eccesso di fantasie interiori — che produce la dissonanza del personaggio con il suo mondo. Egli disloca, inconsapevolmente, la fonte del capire dall'atto maschile parziale della definizione e della registrazione esterna, razionale, al momento femminile della comprensione-partecipazione, emotiva ed affettiva («come ho *capito* bene... da che *sento* veramente...») che investe la personalità globale. E questa dislocazione delinea un mutamento di prospettiva radicale rispetto alle soluzioni convenzionali, ai rituali coattivi e ripetitivi dell'epoca, la quale risulta, pertanto, condannata senza alcun appello, senza alcuna nostalgia, senza alcun rimpianto. Una sorta di apocalisse che ne cancella la memoria stessa.

Nei *Quaderni*, pertanto, la trasgressione pirandelliana della koiné ideologica e culturale, a lui contemporanea, si presenta come abbandono della norma del pensare, come disponibilità ad ascoltare i pensieri che colpiscono, che arrivano da lontano, come capacità a farli emergere.

È il cessare di pensare «come» si deve pensare a condurre la scrittura dell'artista a esprimere lo iato tra la logica comune e la logica dei suoi personaggi e a permettere che la parola dei «disadattati», degli emarginati, dei diversi — come sono le donne — si trasformi in un approccio differente. Un approccio ai problemi, alle paure, alle disillusioni e al disinganno dell'epoca, spostato verso un più profondo livello di verità.

Gubbio non intende ancora, però, che le intuizioni del suo sentire e le costruzioni immaginarie, che ne derivano, rivelano già una carica energetica, liberata e liberatoria, generata dalla parte del suo animo che il dramma della Nestoroff ha ridestato. È una testimonianza, la sua, che nella sostanza stessa della funzione *destruens*, dimostra non di contrapporsi all'attività del conoscere ma di auspicare, anzi di prefigurare, il suo allargamento, la sua problematizzazione attraverso una variazione di rapporto tra le due categorie. Nell'attivare l'immenso patrimonio tacito dei processi umani non codificati, è questa variazione a spostare, infatti, la linea dei collegamenti e delle interazioni reciproche e a dare scacco alle rimozioni, ai meccanismi di difesa, ai sistemi di controllo del sapere acquisito, offrendo il nucleo genetico di una trasformazione globale della condotta intellettuale. Ma Serafino non ne è consapevole e non riesce a compiere il salto.

Al di fuori di questo passaggio, però, c'è il nulla. Il nulla dei diversi casi dei personaggi, delle loro varie esperienze, destinate a concludersi nel sigillo di un comune fallimento.

Capitolo settimo

Gli uomini della luna
Ciàula e Batà

Spesso, davanti ad alcune novelle di Pirandello — in particolare a quelle di ambientazione siciliana — sembra al lettore che un secondo scenario si apra all'interno dello scenario letterale. Come più tardi l'autore di teatro costruirà il teatro nel teatro, rovesciando l'impianto del dramma ottocentesco, pare, in questi testi, che lo scrittore sviluppi un raccontare entro il racconto, del quale, di conseguenza, vengono modificati il senso e la struttura. La forza delle immagini seduce la fantasia di chi sta leggendo e la sospinge al di là della rappresentazione narrativa: nella zona di ciò che non si vede, che è inesprimibile, che è anteriore alle forme, ma che ne è l'origine e il fondamento. Un fluido magico emana dai paesaggi, dai personaggi, i quali si rivestono di una realtà più profonda di quella depositata nelle descrizioni. Quasi che una sorta di reminiscenza antica ispiri l'autore e gli faccia animare cose, luoghi, persone, situazioni di un significato cosmico.

Nel buio livido delle vene della solfara, in *Ciàula scopre la Luna* (1912), per esempio, o nella desolata aridità della soffocante, opprimente natura di *Male di luna* (1913), prendono corpo immagini che risolvono l'apparente mimesi di tradizione veristica nella tensione evocativa di atmosfere, di spazi e di tempi remotissimi. Le due novelle sono state scritte a distanza di circa un anno, e in un periodo in cui Pirandello ha abbandonato il dissidio tra natura e civiltà (Sicilia-Roma), che distingue la prima produzione regionale. Anche la tematica politico-sociale di molte novelle e de *I vecchi e i giovani* (la prima edizione in rivista del romanzo è del 1909) è ormai alle sue spalle. Lo scrittore si è già inoltrato nel territorio della riflessione sulle strutture della coscienza contemporanea, di cui scopre le alterazioni, le finzioni formali, rispetto al carattere fluido e dinamico della vita psichica (il saggio su *L'umorismo* è del 1908, ma nel 1904 aveva visto la luce *Il fu Mattia Pascal*). Tra *Canta l'epistola* (1911), *Il coppo, Notte* (1912), *L'avemaria di Bobbio (1912), Il treno ha fischiato* (1914), *Candelora* (1917, ma, forse, scritta nel 1913) *Ciàula scopre la Luna* e *Male di luna* si collocano nell'intenso periodo di produzione novellistica, in cui, a parere di Nino Borsellino[1], la ricerca di identità dei personaggi, è, per così dire, caratterizzata da un'ansia di assoluto. Ma in questi due testi, a mio avviso, l'assoluto ha già assunto le forme e il linguaggio della dimensione psico-immaginaria dei personaggi, che sarà il linguaggio delle opere più alte di Pirandello.

La dimensione allusiva e simbolica delle due novelle esprime paradigmaticamente la nuova direzione della ricerca dell'artista: l'ampliarsi del suo universo poetico, il più netto configurarsi del suo registro scrittorio. In entrambe, a segnare l'esaurirsi di uno sguardo esterno e oggettivo sulla realtà e il dilatarsi di una prospettiva soggettiva, è proprio il clima fantastico delle vicende. Uno dei temi della letteratura veristica e non nuovo in Pirandello — la condizione di vita nelle campagne meridionali — appare qui come ripreso in una tonalità diversa, che lo trasforma, rifrangendo il piano reale nello spettro delle sensazioni, delle emozioni dei personaggi stessi, che ne moltiplicano i significati e lo restituiscono in una visione trasfigurata, inafferrabile allo sguardo diretto e non esprimibile nel linguaggio letterario tradizionale. A stabilire, fra i due componimenti, il nesso che ne autorizza la relazione all'inter-

---

[1] N. Borsellino, *Ritratto e immagine di Pirandello*, Laterza, Bari 1991, p. 59 ss.

no del corpo delle novelle — anche indipendentemente dall'asse cronologico e da alcuni elementi comuni del contenuto — è la mutata partecipazione dello scrittore al mondo delle sue invenzioni: un'adesione ormai del tutto estranea alla koinè scientifica e assiologica dell'epoca, e, all'interno della quale, le manifestazioni della vita naturale e i conflitti umani assumono valenze enigmatiche e oscure.

Enigmatica e oscura è infatti la funzione che la luna assolve nei due racconti. La loro struttura semantica infrange il procedimento univoco e lineare della tradizione narrativa e crea la suggestione di un viaggio metaforico in un pianeta lontano migliaia di anni luce, ma, per qualche oscuro prodigio, non ignoto e presente, sempre, entro di noi: un viaggio che configura un ritorno. Il ritorno a una scena originaria, ai suoi misteri, alle sue divinità. La condizione primitiva della vita, lo stato di derelitti, di emarginati dalla società, la legge spietata della necessità, il dominio degli istinti, la violenza dei rapporti e, per converso, lo stupore attonito dei personaggi davanti alle epifanie di un universo indecifrabile, anziché intorno al tema realistico (la vita degradata nella solfara, l'epilessia di Batà, la superstizione cieca contro il suo «male oscuro») si coordinano e si espandono intorno al riaffiorare di una memoria ancestrale. Una memoria, che riconduce agli inizi del manifestarsi del mondo alla coscienza degli uomini, entro una cultura antropologica in cui questo non è che il regime delle immagini e dei simboli con cui vengono rappresentati e assimilati i suoi fenomeni.

In questo senso, le metamorfosi dei due protagonisti, per effetto dell'azione della luna — l'estasi trasfiguratrice di Ciàula davanti all'argentea chiarità del disco lunare[2]:

C'era la Luna! La Luna!
E Ciàula si mise a piangere, senza saperlo, senza volerlo, dal

---

[2] G. CERINA, *Il simbolo lunare e la metamorfosi di Ciàula*, in *Dai "Fiori del parlare" al "Giardino incantato"*, Liviana, Padova 1981, pp. 143-180.

gran conforto, dalla grande dolcezza che sentiva, nell'averla scoperta, là, mentr'ella saliva pel cielo, la Luna, col suo ampio velo di luce, ignara dei monti, dei piani, delle valli che rischiarava, ignara di lui, che pure per lei non aveva più paura, né si sentiva più stanco, nella notte ora piena del suo stupore.[3]

e la trasformazione terioforme di Batà sotto i suoi raggi violacei:

... la luna in quintadecima, affocata, violacea, enorme, appena sorta dalle livide alture della Crocca [...] e contro la porta batteva il capo, i piedi, i ginocchi, le mani, e la graffiava, come se le unghie gli fossero diventati artigli, e sbuffava, quasi nell'esasperazione di una bestiale fatica rabbiosa [...] e ora latrava, latrava, come se avesse un cane in corpo [...][4]

— possono intendersi come le manifestazioni inconsce di una prima perturbante esperienza interiore della realtà. Il mutamento dei personaggi appare allora come l'espressione, nel linguaggio primario di violente emozioni, delle loro reazioni soggettive davanti al rivelarsi del mistero e della potenza della natura, nella quale essi sono immersi, di cui fanno parte, e che agisce in loro come una sorgente perenne di potenzialità inespresse.

In uno scenario primitivo e selvaggio, Ciàula e Batà divengono i protagonisti simbolici di un aurorale incontro con l'universo; e questo funziona, per così dire, da catalizzatore delle loro segrete dinamiche psichiche, che assumono la forma delle loro fantasie intorno al mondo.

Lo scrittore coglie i personaggi in una situazione di totale immobilità: il letargo di un giovane rimasto ad uno stadio infantile («Poi si volse attorno a chiamare il suo *caruso*, che ave-

---

[3] *Ciàula scopre la Luna*, in «Novelle per un anno», *op. cit.*, vol. II, t. I, 1990, p. 464.
[4] *Male di luna*, *op. cit.*, vol. II, t. I, 1990, pp. 488-89.

va più di trent'anni [e poteva averne anche sette o settanta, scemo com'era»])⁵ tanto da non possedere l'uso del linguaggio umano:

> Se qualcuno dei compagni gli dava uno spintone e gli allungava un calcio, gridandogli: — Quanto sei bello! — egli apriva fino alle orecchie ad ansa la bocca sdentata a un riso di soddisfazione, poi infilava i calzoni, che avevano più di una finestra aperta [...] s'avvolgeva in un cappottello d'albagio tutto rappezzato, e, scalzo, imitando meravigliosamente [...] il verso della cornacchia — crah crah — (per cui lo avevano soprannominato Ciàula), s'avviava al paese⁶;

la depressione di un uomo dopo un matrimonio infelice:

> [...] quell'uomo taciturno, che aveva circa vent'anni di più di lei e su cui pareva gravasse ora una tristezza più disperata della sua⁷.

In entrambi i testi le situazioni sono messe in moto dall'influsso magico dell'astro della notte: il suo rivelarsi a Ciàula:

> Restò — appena sbucato all'aperto — sbalordito. Il carico gli cadde dalle spalle. Sollevò un poco le braccia; aprì le mani nere in quella chiarità d'argento.
> Grande, placida, come in un fresco, luminoso oceano di silenzio, gli stava di faccia la Luna⁸;

i suoi incantesimi su Batà:

> [...] si scontorceva fuori, là davanti la porta, in preda al male orrendo che gli veniva dalla luna [...]⁹; [...] Batà mugolò di nuovo, si scrollò tutto per un possente sussulto convulsivo, che parve gli mol-

---

⁵ Ciàula, *ivi*, p. 458.
⁶ *Ivi*, p. 459.
⁷ *Male di luna*, op. cit., p. 487.
⁸ Ciàula, op. cit., p. 463.
⁹ *Male di luna*, op. cit., p. 489.

tiplicasse le membra; poi, col guizzo d'un braccio indicò il cielo, e urlò:
— la Luna![10].

Ciàula e Batà divengono così «uomini della luna». Creature della divinità lunare[11], il cui culto è legato all'origine stessa della civiltà, essi partecipano del suo regno e al suo numinoso potere, benefico e vitale, ma insieme oscuro e tremendo, è affidato il loro fato.

È la fase del plenilunio a far emergere la natura «altra» di Batà — il suo doppio — che la credenza popolare attribuisce a un maleficio lunare: il «male» che viene dalla luna, la licantropia. È la medesima fase della luna a far «nascere» Ciàula.

«Aprì le mani nere in quella chiarità d'argento». La luna e l'argento rappresentano un nesso metaforico presente in tutta la tradizione lirica occidentale. Ma, nel contesto pirandelliano, all'«argento» della luna è assegnato un valore diverso: esso allude alla natura misteriosa della forza che mette in moto il processo di trasformazione del personaggio[12]. È proprio l'opposizione «mani nere» *vs* «chiarità d'argento», nel brano sopra citato, a indicare la direzione lungo la quale si sposta l'orizzonte semantico del riferimento letterario, che muta di senso e diviene espressione di fenomeni di altro ordine. Il contrasto *nero-argento* pare la spia linguistica di una, forse inconsapevole, allusione alla trasformazione alchemica degli elementi — dal metallo nero all'oro, attraverso l'argento — che il testo pirandelliano riattiva e dilata dalla sfera dei processi naturali alla sfera dei processi umani: è il *nero* di Ciàula — la sua condizione di inconsapevolezza e di non realizzazione — a trasformarsi nell'*oro* della sua «nascita» attraverso l'azione

---

[10] *Ivi*, p. 488.
[11] Cfr. G. DURAND, *Le strutture antropologiche dell'immaginario, op. cit.*; M. ESTHER HARDING, *I misteri della donna*, Astrolabio, Roma 1973; E. NEUMANN, *La psicologia del femminile*, Astrolabio, Roma 1975; R. SICUTERI, *Lilith. La luna nera, op. cit.*
[12] Cfr. C.G. JUNG, *Psicologia e alchimia*, Boringhieri, Torino 1983.

maieutica (l'*argento*) della luna. E questa funzione «agente» è espressa, nella novella, dall'uso grafico della lettera maiuscola: la Luna.

Non diversamente, in *Male di luna*, il «sussulto convulsivo» di Batà «che parve gli moltiplicasse le membra» alla vista della luna «in quintadecima, affocata, violacea, enorme, appena sorta dalle livide alture della Crocca» sembra esprimere l'alterazione, lo sconvolgimento, provocati sul corpo e nell'animo del personaggio, dall'azione di una energia proveniente da zone della realtà ignote o considerate ancora, dall'ottica culturale dell'epoca, separate dalle vicende dell'uomo.

Le suggestioni che, sul giovane Pirandello, ha esercitato la cultura teosofica e occultistica, sono divenute consapevolezza dell'insufficienza delle certezze scientiste e necessità di scoprire altre leggi della natura.

La relazione che i due racconti istituiscono tra le varie forme della vita — cosmica, umana, psichica — produce, per così dire, lo sfondamento delle divisioni codificate dalle norme del pensiero. Ed è questo sfondamento a riattivare le interazioni e la circolarità sotterranee dei fenomeni, che sono all'origine dello scenario labirintico dell'esistenza, con cui l'opera di Pirandello ha dato scacco a quelle norme e ha posto una radicale istanza di senso.

Il diffondersi della chiarità argentea, nelle due novelle, esprime il rivelarsi ai personaggi delle potenti e sconosciute voci della natura e, insieme, allude metaforicamente al manifestarsi del loro essere profondo, i cui segnali mettono in crisi la condizione statica iniziale e avviano un processo dal quale emergono disposizioni sconosciute e rimosse. In analogia con il procedimento occulto, che svela l'essenza misteriosa della materia, questo processo funziona nei due testi come il paradigma di una serie aperta e non limitata di «reazioni» tra il personaggio e ciò che esiste fuori e dentro di lui, e che è qui assunto come una possibilità diversa di conoscenza e di esperienza. Il modo di conoscere dei folli, dei disadattati, degli emarginati — e, come già si è cercato di dimostrare in precedenza, di quel «diverso» che è la donna — decontestualizza e produce un approccio nuovo al mondo, spostato verso più segreti livelli di verità.

Sicuramente è la collisione con i fondamenti di una impostazione teorica dicotomica — e pertanto riduttiva e rigida — del nesso tra l'accadere e la sua interpetazione a provocare in Pirandello, già in opere precedenti, lo spostamento eversivo dell'orizzonte dell'invenzione. Ma in queste due novelle, il trasferimento del significato degli avvenimenti, dalla univocità del piano oggettivo alla poliedricità del piano simbolico — dove si condensa lo spettro inesauribile delle valenze loro — rivela, nella sua suggestione fantastica, il carattere straordinario delle procedure espressive con cui lo scrittore arriva a configurare un rapporto con la realtà più profondo e dinamico. È infatti la funzione simbolica che le manifestazioni del mondo assolvono nella percezione interiore del personaggio a creare la dimensione immaginaria del testo. Ed è in questa dimensione che gli spazi e i tempi del ciclo cosmico-lunare divengono gli spazi e i tempi nella cui scansione le vicende di Ciàula e di Batà, dal terreno dei fatti, che si distinguono alla luce chiara del sole e si misurano sul suo percorso, entrano nel territorio di ciò che, con andamento imperscrutabile e con senso oscuro, si muove nel cono d'ombra dove si estende il dominio dell'astro notturno. Da questa zona, fuori dallo spazio misurabile e fuori dal tempo calcolabile, sgorga improvvisa la dolcezza che scioglie la petrosità preumana di Ciàula e da essa irrompono gli impulsi irrefrenabili, che trasformano Batà e che materializzano gli spiriti ignoti di quanto lo circonda.

Il circuito di interferenze tra le epifanie delle cose e le epifanie interiori dei due personaggi, che lo scenario testuale traccia, infrange un codice culturale e introduce al linguaggio tacito di processi umani non codificati. La trasformazione, che lo sguardo di Ciàula e di Batà compie, dell'irreale in reale e del noto in ignoto, sconvolge i confini del certo, poiché essa dà senso a quanto era privo di senso secondo l'ordine di un sapere, e fa precipitare in non-senso quanto da esso era riconosciuto e garantito.

Mostra già qui la sua potenza inventiva il procedimento — che raggiungerà ad esempio il suo culmine nella novella *La carriola* (1917) — attraverso cui il disagio esistenziale del personaggio perviene al punto di decontestualizzare dall'ambito del consueto ciò che gli accade, e di ricontestualizzarlo con altri meccanismi del conoscere e con altri processi di associazione.

Il passaggio dal livello esterno delle situazioni alla complessità e molteplicità delle loro determinazioni produce il mutamento di focalizzazione narrativa, che istituisce l'asse paradigmatico del narrato. Alla contiguità della configurazione topologica del paesaggio, nell'*incipit* della novella di Ciàula, segue, infatti, un modello spaziale prodotto dalla percezione del protagonista:

[...] quasi in un gemito di strozzato, rivedeva a ogni salita la luce del sole. Dapprima ne rimaneva abbagliato; poi col respiro che traeva nel liberarsi dal carico, gli aspetti noti delle cose circostanti gli balzavano davanti; restava, ancora ansimante, a guardarli un poco e, senza che n'avesse chiara coscienza, se ne sentiva confortare[13]; [...] arrestato dallo sgomento del silenzio nero che avrebbe trovato nella impalpabile vacuità di fuori[14].

Il punto di vista autoriale si eclissa per offrire un primo piano degli aspetti delle cose, della natura come proiezione dello stato d'animo del personaggio, di cui divengono, per così dire, metafora.

Non diversamente, al succedersi cronologico della vita dei minatori, gradualmente, viene a sovrapporsi, nello svolgimento del racconto, una dimensione atemporale, generata dal sentimento del tempo che ha Ciàula e dal ritmo della sua fantasia:

[13] *Ciàula*, op. cit., p. 460.
[14] *Ivi*, p. 463.

Dapprima [...] pensò che fossero gli estremi barlumi del giorno. Ma la chiarìa cresceva, cresceva sempre più, come se il sole, che egli aveva pur visto tramontare, fosse rispuntato.
Possibile?[15].

La medesima dimensione atemporale espressa nell'ambigua età di Ciàula: uomo-bambino.

In modo analogo, in *Male di luna*, la serie degli spostamenti dei personaggi — la fuga della moglie dalla «roba» del marito alla casa materna, la visita di lui, il ritorno di Sidora, l'arrivo della suocera con il cugino Saro — e gli intervalli fra i nuclei narrativi della novella vengono coordinati dalla ciclicità e dalle modalità del manifestarsi del «male» di Batà. I riferimenti spaziali e temporali — «dopo venti giorni», «lì», «entro», «fuori», «sul tramonto» — paiono spogliarsi di ogni valore referenziale esterno per assumere la funzione di movimenti interni al testo; non diversamente da come l'assenza di informazioni anagrafiche e geografiche precise crea un clima di indeterminatezza, che accresce l'enigmaticità testuale. Ed è il venir meno di concrete indicazioni spazio-temporali a svincolare la narrazione da una referenza precisa e determinata e a renderla configurazione di quanto si svolge in luoghi impenetrabili dai meccanismi logici del pensiero e raggiungibili solo attraverso percorsi immaginari.

Nella costruzione narrativa delle due novelle, infatti, la dimensione magica, che circonda il prodigio della rivelazione, diviene la modalità conoscitiva stessa dei due personaggi, la quale ne diventa il nucleo generatore. Si crea la circolarità tra la condizione di Ciàula e di Batà e la natura oscura del prodigio. Ed è questa circolarità a imprimere il tono e a segnare il movimento del narrato, così che le analessi, che recuperano ciò che precede o le anticipazioni di ciò che ne consegue, estendono l'atmosfera straordinaria dell'evento all'intero arco della vicenda. Saranno tempi e luoghi arcani — il succedersi

---

[15] *Ivi*, p. 463.

alla luce diurna della luce lunare — a scandire le fasi del loro viaggio: il viaggio del caruso, dallo spazio disforico, circondato di tenebre in cui ha sempre vissuto, allo spazio euforico della luminosità notturna, che gli rivela il mondo; il viaggio inverso dell'uomo maturo dallo stato di apparente normalità allo stato disforico di un incantesimo sinistro, che scardina le coordinate del suo universo e lo sconvolge.

L'uno è un *iter* di ascesa dal grembo buio della terra verso la superficie illuminata («egli veniva su, su, su, dal ventre della montagna»[16]) e la triplice iterazione dell'avverbio «su, su, su» è quasi la resa onomatopeica dello sforzo della salita; sforzo fisico, ma soprattutto psichico, come indica la seconda parte del periodo («... senza piacere, anzi pauroso della prossima liberazione»). Per evadere dal ventre della montagna e uscire all'aperto, Ciàula deve infatti combattere contro la paura del «fuori» ignoto e contro l'angoscia che lo invadono e che hanno bloccato il suo primo tentativo di liberazione.

L'altro è un *iter* di discesa dalla superficie apparentemente lineare del personaggio nel caos del suo essere («E aveva la faccia sbiancata, torbida, terrea; gli occhi foschi e velati, in cui dietro la follia, si scorgeva una paura quasi infantile [...] infinita»[17]).

Entrambi i percorsi delineano un itinerario simbolico lungo gli inferi: un'evocazione di ombre, una nékuia che, come afferma Giacomo Debenedetti, è presente in ogni grande opera del Novecento. È negli inferi, nelle profondità oscure di se stessi, che Ciàula e Batà incontrano le loro ombre e le proiettano sul moto cosmico degli astri.

Siamo in presenza di uno spostamento visionario, costruito dallo scrittore con una tecnica sorprendente, attraverso la quale l'ottica sua arriva a coincidere con l'ottica dei suoi personaggi. Attivando organicamente l'una entro l'altra, il procedimento narrativo crea infatti un effetto di plurifocalizzazio-

---
[16] *Ivi*, p. 463.
[17] *Male di luna, op. cit.*, p. 488.

ne, che conferisce al testo uno spessore di polivalenza inesauribile.

Viaggio *da* e *per* gli inferi, si è detto. Ma la dea che sovrintende agli Inferi non è appunto la divinità lunare? Ecate o Diana, Persefone, Afrodite o Artemide, dea della verginità, dell'amore e della natura, signora della nascita e della morte, suo è il battello che, secondo le antiche leggende indù, trasporta le anime verso la reincarnazione. Suo, secondo la mitologia greca e latina, è l'impero sulle forze del cosmo; suo è il regno tenebroso nell'al di là; suo è il dominio sull'anima, sull'inconscio, oltre il potere del sole, della chiarezza dell'animo razionale, della determinazione della volontà. L'andamento ambiguo della scrittura pirandelliana tra il livello reale delle vicende e il significato che esse assumono per i personaggi, sostenuto dall'impiego frequentissimo della diafora — il senso diverso attribuito ai medesimi lessemi — restituisce in maniera sorprendente la connessione mitica tra il ciclo astronomico delle fasi lunari e il valore simbolico del transito dell'astro.

Costante è nei due testi l'oscillazione semantica dei sostantivi — che indicano il *bujo*, la *tenebra*, l'*ombra*, la *notte*, la *paura* — e degli aggettivi cromatici. Ora, essi sono impiegati a denotare i colori e l'aspetto che le cose assumono nella perturbante assenza di luce degli spazi chiusi («bugigattolino bujo», «la catapecchia buja come un antro» in *Male di luna*[18]; «tenebra fangosa», «profonde caverne», «mani nere»[19], «notte nera vana»[20] in *Ciàula scopre la Luna*). Ora, sono usati per connotare il buio dell'anima, lo spavento e l'angoscia interiori:

> Il buio [...] la solitudine delle cose che restavan lì con un loro aspetto cangiato e quasi irriconoscibile [...] gli avevano messo in tale subbuglio l'anima smarrita, che Ciàula s'era all'improvviso lanciato

---

[18] *Ivi*, pp. 494, 490.
[19] *Ciàula*, pp. 460, 463.
[20] *Ivi*, p. 461.

in una corsa pazza, come se qualcuno lo avesse inseguito[21]; paura infinita[22]; «Dentro... Non ti spaventare... non ti spaventare... non aprire... Niente...» *Male di luna*[23].

Ed è questa oscillazione a istituire la relazione analogica tra i due campi — il materico e lo psichico — la quale moltiplica i sensi del testo.

Il mostrarsi del volto luminoso della luna appartiene al naturale ciclo mensile e, nello stesso tempo, all'emanazione di un fascino che produce rivelazioni insospettabili e reazioni imprevedibili: siano essi la vita nuova di Ciàula («Estatico, cadde a sedere sul suo carico, davanti alla buca. Eccola, eccola là, eccola là, la Luna... C'era la Luna! La Luna!»[24]), la regressione di Batà, la libidine di Sidora («Sidora, a mano a mano che l'ombra inchinava su la campagna, lanciava sguardi vie più ardenti e aizzosi»), il raggiro della suocera o «lo smorire» del brioso e vivace Saro («Ma Saro, pur così vivace di solito, brioso e buontempone, si sentiva all'incontro a mano a mano smorire»[25]).

Sono i raggi notturni dell'astro a provocare il passaggio dei personaggi da uno stato ad un altro. Loro è, pertanto, il potere rivelatore e metamorfizzante. Nella misura in cui, però, la metamorfosi implica un processo produttivo di altre modalità di esistenza, a quei raggi è da attribuire la potenzialità di generare, di far nascere o di far rinascere. Ma la sfera semantica di *nascere* e di *far nascere* evoca, per analogia, il carattere primario della femminilità. Non è un caso che, in tutti i miti, il simbolo lunare ha sempre posseduto, tra i molti suoi attributi, l'attributo della fertilità. Con queste espressioni, infatti, ad essa si rivolge un versetto alla divinità lunare di Ur «grembo materno, generatore del tutto che ha un asilo lumi-

---

[21] *Ivi*, pp. 461-2.
[22] *Male di luna*, p. 488.
[23] *Ivi*, p. 488.
[24] *Ciàula*, p. 464.
[25] *Male di luna*, op. cit., p. 494.

noso presso le creature viventi». E l'atmosfera primordiale che la fantasia dello scrittore siciliano crea nelle due novelle è, a mio avviso, l'atmosfera incantata nella quale è possibile la riattivazione del mito. La luna-madre, dea della procreazione biologico-materica e della fecondità psichica, è l'archetipo cui si lega il prodursi dei mutamenti in Ciàula e in Batà. Ed è l'ambivalenza, propria dell'archetipo materno, positivo o negativo, a contenere l'opposizione dei due cambiamenti e la differenza dei loro esiti: uno di piacere, l'altro di dolore. Come è la sua natura creativa a produrre, in entrambi i personaggi, un'esperienza che altera la dimensione, nota e abituale di sé e della realtà. È come se essi venissero sottoposti a un'azione maieutica, la quale porta alla luce quanto di loro è rimasto finora sconosciuto e quanto di loro è rimasto finora inespresso. L'alone lunare delinea il cerchio magnetico entro cui s'instaura un ordine diverso: un ordine generato dalla relazione inconscia tra i personaggi e la potenza di un'immagine che travalica la loro natura di uomini e supera i confini del loro carattere maschile. Una entità transpersonale, ambigua e dai mille volti, che, come la mozartiana Regina della notte, contiene la virtualità di un principio diverso — il principio femminile che, nella musica magica del *Flauto*, è espresso dal contrasto tra il ritmo impetuoso e tenebroso dei motivi della Regina e la struttura limpida e solare delle arie di Sarastro[26]. Il principio feinile, che ha la facoltà di sedurre, che ha la capacità di togliere o di dare la vita, di annullarla o di rinnovarla e di sconvolgerne i lineamenti: della vita naturale, regolare e visibile, del corpo, e di quella, inquietante, sinuosa e oscura, dell'animo.

La frequenza nei due testi dei sostantivi e degli aggettivi relativi alla sfera della luce e dell'ombra («bujo crudo», «livido squallore», «tenebra dell'antro infernale», «tenebra fangosa», «occhio chiaro», «deliziosa chiarità», «ampio velo di luce», «chiarità d'argento» in *Ciàula*; «luna limpida», «luna viola-

---

[26] Cfr. E. NEUMANN, *Il flauto magico di Mozart, op. cit.*

cea», «livide alture», «placido albore», «catapecchia buia come un antro», «bugigattolo bujo», «ombra che s'inchinava sulla campagna» in *Male di luna*), la loro correlazione e la loro opposizione connotano, sapientemente, l'interazione tra l'aspetto luminoso e l'aspetto buio del simbolo del valore di transito da uno stadio psichico ad un altro.

Sono inoltre l'alternarsi del colore bianco-nero (giorno *vs* notte; luogo chiuso *vs* luogo aperto) e l'avvicendarsi delle voci diurne e dei silenzi notturni a stabilire la relazione tra l'esterno e l'interno dei personaggi. È questo alternarsi ad amplificare la funzione della notte e del buio entro il racconto, che slitta di continuo dalla rappresentazione delle impressioni, delle percezioni dei protagonisti all'evocazione della loro genesi psichica. Ad esempio, la visione lunare di Ciàula è circondata da un «luminoso oceano di silenzio». La sequenza sinestetica (*luminoso.... oceano...silenzio*) sviluppa il piano metaforico, parallelo al piano letterale del testo, all'interno del quale la condizione emotiva del protagonista diviene il nucleo che genera le sue fantasie e i suoi turbamenti. È il sentimento di paura, di solitudine, di abbandono di Ciàula — orfano, emarginato, privo di affetti e di rapporti, sfruttato, prigioniero del grembo della terra — a fargli proiettare sul corpo celeste quel bisogno di amore, di conforto, di calore che animano l'astro notturno, quasi lo antropomorfizzano e lo fanno divenire una presenza amica: «E Ciàula si mise a piangere, senza saperlo, senza volerlo, dal gran conforto, dalla grande dolcezza che sentiva, nell'averla scoperta»[27].

Sono l'avvilimento di Batà, il suo isolamento in una campagna arida e desolata, i tabù arcaici, la frustrazione dei sentimenti cui è sottoposto dalla disperazione e dal ribrezzo della giovane moglie — che l'ha sposato per puro interesse e che è terrorizzata e respinta da lui e dalla vita che lui offre («Sposata a lui da appena venti giorni, Sidora si sentiva già disfatta, distrutta. Avvertiva dentro e intorno a sé una vacuità strana,

---

[27] *Ciàula, op. cit.*, p. 464.

pesante e atroce»[28]) — a creare lo scenario in cui irrompono pulsioni che il personaggio attribuisce al potere della luna. Il registro scrittorio dilata nel testo il senso della trasformazione di Batà, in modo da creare la suggestione fantastica che sia proprio un fluido estraneo, divino e magico a colpire il fisico e la mente di lui:

> [...] appena levato in piedi, quasi colto da vertigine, fece un mezzo giro su se stesso; le gambe, come impastojate, gli si piegarono; si sostenne a stento, con le braccia per aria. Un mugolo, quasi di rabbia, gli partì dalla gola[29].

Quasi che, realmente, il corpo del protagonista stia sottraendosi al suo dominio e ubbidisca a una volontà superiore, numinosa, che ne sconvolge l'equilibrio fino a fargli perdere l'aspetto umano e a fargli assumere tratti animali («un mugolo quasi di rabbia gli partì dalla gola», «come una bestia in compagnia», «ululi lunghi, ferini», «graffiava, come se le unghie gli fossero diventate artigli», «bestiale fatica rabbiosa», «latrava, latrava, come se avesse un cane in corpo», violenza... feroce», «come una bestia morta», «ululava come un lupo»).

È una sorta di delirio — preludio dei tanti deliri mentali dei futuri personaggi pirandelliani — a scuotere Batà, ad alterare il suo ritmo biologico. Come se le reazioni, incontrollabili e involontarie, dell'epilessia esprimessero a livello somatico l'«angoscia mortale» davanti al potere celeste di spalancare le zone più oscure e più tremende di se stesso. Da questo fondo buio irrompono le disposizioni aggressive e trasgressive, occultate dietro una maschera di insensibilità e di insensatezza più da bestia che da uomo:

> Buttato sempre là, in quel suo pezzo di terra lontano, non si sapeva come vivesse; stava sempre solo, come una bestia in compagnia

---

[28] *Male di luna*, op. cit., p. 486.
[29] *Ivi*, p. 488.

delle sue bestie, due mule, un'asina e il cane di guardia; e certo aveva un'aria strana, truce e a volte da insensato[30].

La malattia muta di segno e diviene l'unico sbocco di una «normalità» alienante e patogena.

In modo analogo, lo shock di Ciàula, sotto il magnetico occhio lunare, presenta i caratteri di un trauma. Il trauma del distacco dalle viscere ctonie e della liberazione da un abisso, la cui fascinazione e la cui oscurità, protettive ma letali, non rivelano al personaggio la loro insidia, se non nel momento in cui ne sta emergendo:

[...] la paura del bujo della notte fu vinta dalla costernazione [...] Aveva lavorato senza pietà tutto il giorno. Non aveva mai pensato Ciàula che si potesse aver pietà del suo corpo [...] ma sentiva che, proprio, non ne poteva più[31].

«Buttato», «lontano», «solo... come una bestia», «aria strana», «truce», «insensato» — in *Male di luna* — e «paura», «costernazione», «pietà», «sentiva che non ne poteva più» — in *Ciàula scopre la Luna* — sono espressioni in cui si deposita una carica semantica estranea al tono apparente delle due descrizioni, che segnalano le interferenze di un tracciato di senso sottostante all'ordito letterale. Solo, pertanto, una lettura attenta alla dinamica tra l'esplicito e il latente nel testo, può rivelare la sua plurisotopia e svelare come siano il livello implicito e la valenza metaforica della sua scrittura, quelli a cui l'autore, nei due intrecci, affida la funzione di informare sull'origine non consapevole e profonda della «rabbia» di Batà e della «costernazione» di Ciàula.

La condizione iniziale di Ciàula è connotata da un rapporto simbiotico con la terra, il cui grembo delimita la sfera globale di quanto egli è in grado di percepire e di conoscere:

---

[30] *Ivi*, p. 487.
[31] *Ciàula, op. cit.*, p. 462.

Cosa strana; della tenebra fangosa delle profonde caverne, ove dietro ogni svolto stava in agguato la morte, Ciàula non aveva paura; né paura delle ombre mostruose, che qualche lanterna suscitava a sbalzi lungo le gallerie, né del subito guizzare di qualche riflesso rossastro qua e là in una pozza, in uno stagno d'acqua sulfurea: sapeva sempre dov'era; toccava con la mano in cerca di sostegno le viscere della montagna: e ci stava cieco e sicuro come dentro il suo alvo materno[32].

Le «ombre mostruose», «le gallerie», la «tenebra fangosa», lo «stagno d'acqua sulfurea», i «guizzi rossastri della lanterna» sono i punti di riferimento di uno spazio sotterraneo, infero, denso di reminiscenze dantesche, entro cui il personaggio vive in una situazione di identificazione globale. Egli non è che quello spazio: fuori non esiste che l'ignoto, il buio, la paura. La notte, infatti, in cui era morto il figlio di zi' Scarda e Ciàula, terrorizzato, era fuggito dalla caverna e si era trovato immerso nella notte cosmica, l'oscurità, la solitudine, il silenzio delle cose, il loro aspetto mutato, la loro irriconoscibilità avevano provocato un tale sconvolgimento nella sua anima da respingerlo, risucchiarlo quasi, nell'oscurità protettiva del suo antro:

Il bujo, ove doveva essere lume, la solitudine delle cose che restavan lì con un loro aspetto cangiato e quasi irriconoscibile [...] gli avevano messo in tale subbuglio l'anima smarrita, che Ciàula s'era all'improvviso lanciato in una corsa pazza, come se qualcuno lo avesse inseguito[33].

L'episodio, di quattro anni prima, è analeticamente rievocato dal ricordo angosciato che si ripresenta al personaggio nel momento in cui egli è costretto ad affrontare un'altra volta il buio esterno. Nella sua memoria, il terrore davanti alla morte di Calicchio trapassa e si espande nel terrore davanti al-

---

[32] *Ciàula, op. cit.*, p. 460.
[33] *Ivi*, pp. 461-462.

la notte «nera e vana». Ma l'associazione, del protagonista, tra la morte e la vastità, tenebrosa e sterminata, dello spazio esterno allude all'associazione più profonda, che sorregge l'architettura generale della novella: l'analogia tra la condizione di smarrimento, di spavento di Ciàula e la relazione archetipica di non distinzione del figlio dalla figura di una madre totalizzante, il cui ampio e avvolgente grembo imprigiona e paralizza la coscienza di lui[34]. L'analogia è istituita dalle stesse relazioni verbali del testo: «nelle viscere della montagna» Ciàula «ci stava cieco e sicuro come dentro il suo alvo materno». L'equivalenza espressiva tra le «viscere della montagna» e «l'alvo materno» stabilisce l'equivalenza metaforica tra la condizione di sicurezza e la condizione di cecità. Il suo stato di embrione rende Ciàula «sicuro» ma insieme «cieco». E, come cieco, egli brancola nell'universo oscuro e senza tempo in cui è immerso, di cui è prigioniero ma di cui è totalmente ignaro, tanto che la sicurezza è il perimetro stesso della sua non consapevolezza e della sua incapacità ad uscirne. Il superamento della non consapevolezza e dell'incapacità non può avvenire se non attraverso la perdita della sicurezza.

Ma l'uscita dal corpo mitico della originaria madre elementare non si può verificare se non quando entra in azione un principio diverso: la femminilità trasformatrice, che la novella emblematizza nella Luna. È la energia positiva della Luna, la sua luce, a produrre infatti il cambiamento del personaggio e a dare inizio al suo viaggio iniziatico verso la scoperta di sè e verso la scoperta del mondo come diverso da sè. L'opposizione esterna buio/luce — il buio della caverna *vs* la luminosità del paesaggio rischiarato dalla luna — che il testo descrive, configura un'opposizione interiore: lo stato iniziale di cecità *vs* la capacità di guardare, di vedere, che l'astro notturno produce in Ciàula: «Ma la chiarìa cresceva, cresceva sempre più, come se il sole, che egli aveva pur visto tramonta-

---

[34] Cfr. E. NEUMANN, *La grande madre*, Astrolabio, Roma 1981.

re, fosse rispuntato»³⁵. È una nuova dimensione psichica, infatti, quella che fa vincere a lui la paura del buio-morte, che gli conferisce la facoltà della vista, che gli infonde il coraggio di entrare nel mondo e nella dimensione del tempo.

Ai raggi della luna le fantasie che Ciàula ha di sè come mondo si modificano in una percezione distinta del mondo. La protezione-prigione della madre-terra lascia il posto al «conforto», alla «dolcezza» con cui la madre-luna sostiene il distacco doloroso dalla condizione d'immedesimazione del «fanciullo» con quella protezione-prigione e permette il suo passaggio difficile alla condizione dell'adulto, consapevole dell'esistenza delle cose e del loro fluire.

Il confine tra l'interno della miniera-caverna e l'esterno è la linea che separa Ciàula dalla figura letteraria a lui più prossima: Rosso Malpelo. Se la fedeltà del personaggio verghiano ai percorsi sotterranei e notturni del proprio destino esprime la determinazione grandiosa, ma inconsapevole e regressiva di un'eroe ctonio, l'attrazione verso l'alto, la tensione verso la luce, il regime diurno, del personaggio pirandelliano alludono all'avvento di una determinazione cosciente e liberatoria. La funzione trasfigurante che il mito svolge nell'opera del Verga, solleva il dramma di Rosso all'altezza sublime e metastorica del mitologema del sacrificio dell'eroe. In Ciàula, la ricerca pirandelliana dei processi profondi della coscienza umana, coglie, nel mitologema della vittoria dell'eroe, un loro modello esemplare.

Paradossalmente, l'evoluzione di Ciàula e la regressione di Batà si equivalgono: di segno opposto, entrambi configurano una lotta, il cui esito è, per l'uno, il superamento della sua condizione di non realizzazione — che è all'origine della sua infelicità —, per l'altro, è la resa ai propri spettri ossessivi.

Ciàula e Batà sono uomini soltanto «abbozzati»: prodotti non finiti della natura, i cui mutamenti sono imprevedibili,

---

³⁵ *Ciàula, op. cit.*, p. 463.

ma, al di là di ogni ipotesi positivistica ed evoluzionistica, affidati soltanto ai processi della realtà interiore[36]. Nella coerenza dell'invenzione, infatti, il compito di scioglimento e di invasamento è affidato a una figura emblematica di movimenti inconsci. L'astro notturno attiva l'ambivalenza morte-vita di un simbolo, che il livello manifesto, letterale del testo tace, ma che è il non detto evocato dalla sua struttura. Esso attiva meccanismi che demoliscono il passivo stato iniziale e costruisce l'incantesimo in cui si rivela l'«altro»: l'«altro», assente nella vita reale dei personaggi, ma presente in loro. Il bisogno di completamento, di espressione di sé, l'esigenza di uscire da una condizione separata in Ciàula; l'attrazione irresistibile verso immagini inconsce in Batà. Sono questi richiami profondi a rompere il guscio che avvolge l'embrione e a far nascere un fanciullo, dotato di facoltà conoscitiva-immaginativa. Sono essi stessi a far cadere il travestimento dell'uomo e a metterlo a nudo. Come, più tardi, nella Gurù landolfiana di *Pietra lunare*, la cui bellissima gamba finisce in un piede di capra, il ritorno della natura animale inverte, in Batà, il senso di regressione dal distinto all'indistinto della letteratura simbolistica ottocentesca e primonovecentesca. Il disssolvimento dell'individualità funziona, qui, come crisi di una forma umana cristallizzata e compromessa.

La fanciullezza e la maturità dei due personaggi, pertanto, al posto di indicare tempi reali, biografici, esprimono la produttività psichica di momenti diversi, ma contigui, dell'animo umano — che è il tema di fondo, di cui l'autore, come un compositore, modula le variazioni, creando ora la dimensione fantastica della prima novella, ora il tono sensuale che serpeggia nella seconda. Il trionfo di Ciàula sul buio segna la nascita della coscienza di sé e l'inizio della esperienza del mondo, che si manifestano nell'acquisizione della parola: «Eccola, eccola

---

[36] Sul concetto di abbozzo e di evoluzione psichica, cfr. I. SVEVO, *L'uomo e la teoria darwiniana* e *La corruzione dell'anima*, in *Saggi e pagine sparse*; e le riflessioni sull'argomento di R. MUSIL, *L'uomo senza qualità*, Einaudi, Torino 1957, vol. I, p. 149.

là, eccola là, la Luna... C'era la Luna! la Luna!»[37]. L'indiretto libero, che fa udire la voce, reale o solo possibile, di Ciàula, fa emergere il livello interiore del passaggio dal balbettamento preumano al linguaggio umano.

Il movimento di Ciàula descrive un volo verso l'alto. Un volo che riveste il carattere sacrale, di iniziazione, attraverso cui il personaggio si trasforma in una creatura del regno della luce, che ha luminose visioni: quelle che il testo produce nell'andante maestoso della immagine finale della notte e del suo incanto.

La reimmersione di Batà nel vortice degli istinti, delinea una sorta di *mise en abime*, che, secondo l'abbassamento dei valori culturali idealistici e razionalistici, compiuto da Pirandello, produce, paradossalmente, la dilatazione delle funzioni percettive e sensitive del personaggio fino a restituire loro una eversiva forza primigenia. Volo verso il basso, verso il regno notturno: esso delinea una prova, una epifania di spiriti e di divinità arcane. Spiriti e divinità, che divengono i ministri di un rito evocatore di potenze sconvolgenti. Potenze che, quasi per una facoltà medianica del protagonista, da lui trapassano sugli altri personaggi, si spostano sugli oggetti, si espandono sul paesaggio, e danno vita al carattere panico dell'intera vicenda, la quale culmina, nella parte conclusiva, in una sincronia *umoristica* del ritmo comico e del ritmo drammatico da cui è prodotta l'ambiguità espressiva del tono.

Escursione di stili, entro un tema analogo, quella di Pirandello, con cui lo scrittore formalizza artisticamente i tanti, diversi sguardi sulla realtà, i tanti, possibili modi di una sua rappresentazione nel linguaggio umano, oltre, e spesso contro, i processi riconosciuti e normalizzati.

Già in queste due opere, pertanto, è ciò che percepiscono e sentono i personaggi a modellare il mondo che li circonda e a conferire, al volto di ciò che appare, una molteplicità di sen-

---

[37] *Ciàula, op. cit.*, p. 464.

si, che lo rende enigmatico e irriducibile a qualsiasi sistema definito e concluso.

La luna diviene il centro di emanazione di energie differenti e, in quanto tale, essa raffigura lo sprigionarsi dell'energia femminile. Gli effetti di questa energia alterano la natura dei fenomeni e ne modificano le forme; svelano la parte oscura, l'ombra del corpo e dell'anima — che il maschile nasconde e sotterra — agendo nel duplice ruolo di generare la luce della coscienza e di far emergere l'inconscio.

Sotto questo aspetto acquistano valore semantico l'assenza, nella novella di Ciàula, di una donna reale e, nella novella di Batà, la funzione ambigua della moglie e della suocera e la negligenza della madre che

> lo aveva tenuto bambino tutta la notte esposto alla luna; e tutta quella notte, lui povero innocente, con la pancina all'aria, mentre gli occhi gli vegellavano, ci aveva giocato, con la bella luna [...] E la luna lo aveva «incantato»[38].

L'organizzazione formale del passo crea quasi l'effetto di un sortilegio, mediante il quale il possesso del bambino si trasferisce dalla madre personale al corpo celeste, le cui proprietà numinose lo iniziano a un interminabile e fatale gioco incantatorio: «... E la luna lo aveva incantato», con il trapassato prossimo che itera ed estende l'azione del verbo nel tempo e con i puntini di sospensione che, isolando il sintagma da ciò che precede, ne espandono il senso e ne sottolineano il valore di esponente semantico dell'intero brano. Ed è in questo brano la chiave del male di Batà.

La non protezione del bimbo «innocente» e indifeso è il gesto negativo della madre, il quale assume nel figlio il valore simbolico dell'abbandono e del non amore. È una sensazione primaria, e pertanto senza riscatto, di frustrazione e di solitu-

---

[38] *Male di luna*, op. cit., p. 492.

dine, che, nell'adulto, la vicinanza di un'altra donna — la moglie — riaccende come spavento e come terrore del femminile. E lo spavento e il terrore impediscono il rapporto e inibiscono l'amore. L'impossibilità di amare genera la sofferenza di Batà, come il terrore scatena la sua aggressività. L'istinto aggressivo, che Sidora provoca in lui e che, in un estremo sforzo di lucidità, egli sposta da lei sulla propria persona, è il trasferimento patologico della libido maschile. Ed esso assume la forma stessa della sua ossessione psichica. Alle sue devastanti esplosioni, ricorrenti e inspiegabili, il personaggio non sa trovare altra causa che il ciclico riapparire dell'astro misterioso, al cui dominio lo aveva abbandonato sua madre. L'immagine temibile della madre si confonde, in lui, con l'immagine malefica della luna.

La scissione di Batà — l'umiltà, la remissività, l'affettuosità verso Sidora, riparatorie dell'offesa, nei momenti coscienti, e la furia distruttiva, quando il tremendo demone torna a possederlo — diviene il sintomo di una condizione di infelicità e di dolore, senza rimedio, senza compenso. Lo smarrimento e lo sgomento, davanti a questa condizione, si dissolvono solo grazie alla pietà in cui le «donne» — l'elemento femminile umano che riproduce e prolunga, nella vicenda, l'azione femminile simbolica della luna — sanno trasformarli:

> Sul tramonto, si presentò nel vicolo, tirandosi dietro per la cavezza le due mule bardate, Batà, ancora gonfio e livido, avvilito, abbattuto, imbalordito. [...] tutte le donne, con gesti e gridi soffocati di spavento, si ritrassero con le seggiole in fretta nelle loro casupole, e sporsero il capo dall'uscio a spiare e ad ammiccarsi tra loro. [...] Batà ascoltò a capo chino minacce e vituperii. [...] la suocera gli batté la porta in faccia e ci mise dietro la stanga. Batà rimase ancora un pezzo, a capo chino, davanti a quella porta chiusa, poi si voltò e scorse su gli usci delle altre casupole tanti occhi smarriti e sgomenti, che lo spiavano.

Videro quegli occhi le lagrime sul volto dell'uomo avvilito, e allora lo sgomento si cangiò in pietà[39].

Il mutarsi dei sentimenti verso Batà — dal rifiuto e dallo sgomento alla pietà e dalla curiosità alla comprensione — è la sequenza-cerniera, di forte suggestione e di grande perizia, tra la prima e la seconda parte della novella. La focalizzazione si sposta repentinamente dalla «porta chiusa», che respinge il personaggio, agli «occhi smarriti» delle donne, che spiano sgomente la sua umiliazione e che divengono il filtro visivo tra l'autore e il testo. L'effetto del movimento affida, infatti, allo sguardo loro la funzione di stabilire il nesso tra la devianza, l'anormalità di lui e la sua profonda sofferenza e di trasformarlo nell'elemento narrativo, che sviluppa il senso drammatico, implicito nella vicenda. Il senso, efficacemente reso dai Taviani nella trasposizione cinematografica della novella, in uno degli episodi più belli del loro film pirandelliano *Caos*.

In un testo, la malìa della luna è benefica: colma un vuoto, una mancanza, risarcisce di una privazione, produce eventi liberatori. Essa esercita il potere di *Ecate phosphoros*, la portatrice di luce. Nell'altro, è travolgente: scatena la polarità negativa dell'anima, che riconduce alle radici della terra, del corpo, del sangue. È Artemide: l'aspetto vegetale, animale e primitivo, della divinità lunare. E Batà, un moderno e antieroico Atteone, è smembrato, dilaniato alla vista delle forme «nude» della vergine sacra.

La potenzialità molteplice dell'astro — luna bianca-luna nera — crea il valore archetipico che l'immaginario pirandelliano attinge in esso. Come è evidenziato fin dai titoli, per la funzione semantica che il sostantivo luna assolve nella loro struttura, nei due componimenti è la luna a svolgere il ruolo, ora positivo ora negativo, di partner, di interlocutrice, di agente. Il ruolo proprio del femminile nella struttura della co-

---

[39] *Ivi*, pp. 491-492.

scienza, che l'astro rappresenta nelle due novelle e che ne amplifica la funzione oltre i limiti delle determinazioni storico-oggettive delle vicende e in direzione di un'immagine interna.

Ed è questa immagine — che oltrepassa i confini del reale — ad animare i sentimenti di Ciàula, che l'indiretto libero del brano rende con le modulazioni proprie del personaggio:

> C'era la Luna! la Luna!
> E Ciàula si mise a piangere, senza saperlo, senza volerlo, dal gran conforto, dalla grande dolcezza che sentiva, nell'averla scoperta, là, mentre, saliva pel cielo, la Luna, col suo ampio velo di luce, ignara dei monti, dei piani, delle valli che rischiarava, ignara di lui, che pure per lei non aveva più paura, né si sentiva più stanco, nella notte ora piena del suo stupore[40].

L'ottica del protagonista è l'ottica che consente all'autore di sottoporre gli evidenti riecheggiamenti leopardiani a una traslazione di senso, nel cui ambito si modifica il valore filosofico-culturale, che connota il dialogo del recanatese con la luna, e attraverso cui la funzione dell'astro si esplica a un livello diverso: il livello simbolico, che è l'asse di svolgimento del narrato pirandelliano. Se, infatti, nella novella, la luna mantiene il carattere di entità superpersonale e cosmica («ignara dei monti, dei piani... di lui»), quale già possiede nei versi leopardiani, è questo stesso carattere a imprimerle il significato mitico di rivelazione del mondo («col suo ampio velo di luce... rischiarava») e di proiezione e di testimonianza degli inconsci processi psichici degli uomini, che assume nel testo dello scrittore siciliano («E Ciàula si mise a piangere, senza saperlo, senza volerlo...»). Il nesso tra il moto lunare e la esperienza interiore del personaggio («per lei non aveva più paura, né si sentiva più stanco»), che il testo istituisce nella stessa organizzazione formale, ha il suo centro nella sequenza

---

[40] *Ciàula, op. cit.*, p. 464.

«... ignara di lui, che pure per lei...», dove la disposizione simmetrica dei pronomi e la equivalenza quantitativa e fonica dei due membretti del periodo, sottolineata dalla pausa lieve della virgola, hanno l'effetto di trasferire entro di lui l'andare esterno, imperscrutabile di lei, traducendolo in sentimento, in emozione.

Sul volto del «vero» tornano ad allungarsi i tratti sinuosi e cangianti delle fantasie umane: ed esse producono il gioco di ombre, il contrasto di chiaro e oscuro, l'alternanza di densità e trasparenza, che ne fanno ambigue le fattezze, ne rendono evanescente la sostanza e la convertono nelle forme in cui viene immaginata.

In questo senso, l'armonia del registro stilistico del brano appare come la materializzazione verbale e sonora della dolcezza nuova che pervade Ciàula — quasi che lo sciogliersi del suo nodo interiore spezzi l'aspro e cupo ritmo linguistico precedente e lo muti in una cascata musicale di suoni.

La luna nei due testi pirandelliani è, pertanto, la luna di Ciàula e di Batà: lo specchio, dal cui fondo affiora una figura ignota: la loro alterità, il loro «diverso». Emergendo alla superficie, è questa ambigua figura a disorganizzare il carattere statico e unilaterale della loro persona, e — contro il modello realistico ottocentesco — a sottoporla all'azione simultanea e complementare di dinamiche molteplici, da cui è investito l'intreccio stesso. Le novelle si strutturano, infatti, intorno alle linee di sviluppo di un discorso narrativo, che si svolge per fasi semantiche distinte, ma concentriche, le quali si succedono non secondo un ordine logico-cronologico, ma per espansione di una situazione emblematica. Ed è questa nuova procedura costruttiva, a farle rientrare, con pieno diritto, nell'operazione chirurgica che Pirandello stava compiendo in quegli anni sul corpo della letteratura tradizionale. L'esercizio della scrittura, come abbandono del senso depositato nel codice del sapere, conduce la sua ricerca al punto di non ritorno, dove le forme del pensiero si offuscano e la realtà precipita in un vortice di fenomeni oscuri e indecifrabili.

Avvenimenti dall'apparenza insignificante o banale trascinano i personaggi sulla soglia del rischio estremo, che è quello di non trovare più ragioni al proprio esistere. Qui, ogni gerarchia si annulla e tutti i gradi dell'esperienza, che essi fanno di una vita consegnata alla non coscienza, alla menzogna o alla follia, si equivalgono senza discriminazione. Davanti all'incubo di un destino senza via d'uscita, assumono infatti il medesimo rilievo testimoniale sia lo sbandamento degli intellettuali sia lo sconvolgimento emozionale di figure appartenenti a culture emarginate, come Ciàula e Batà, come i tanti personaggi femminili dello scrittore. Anzi, per l'azzeramento dei valori ideologici che l'opera di Pirandello rappresenta, paradossalmente è proprio l'assenza di strutturazione razionale a disinnescare con più facilità, in questi ultimi, le dinamiche difensive così da abbassare le resistenze e da produrre una sintonia istintiva con le ombre di ciò che è ignoto, ma che invia segni arcani della sua presenza.

Indice dei nomi

ANGELINI F., 72.
BACHELARD G., 46, 57, 101.
BARTHES R., 101, 123.
BORGES J.L., 53.
BORSELLINO N., 148.
CERINA G., 149, n.
CHAMISSO A., 68, 96.
CONRAD J., 96.
D'ANNUNZIO G., 72.
DE BEAUVOIR, S., 124-125, 127.
DEBENEDETTI G., 82, 157.
DERRIDA J., 112 n., 113.
DOSTOEVSKIJ F., 49, 70, 96, 109.
DURAND G., 76 n., 84 n., 152 n.
EINSTEIN A., 142.
FERRARIO E., 91 n.
FRANZ von M.L., 60 n.
FREUD S., 37-39.
GARDAIR J.M., 83.
GENETTE G., 122.
GOETHE J.W., 68, 96.
HARDING M.E., 152 n.
HEIDEGGER M., 112.
HILLMAN J., 123-124.
HORNEY K., 125.
HUSSERL E., 112.
JUNG G., 62, 152 n.
KAFKA F., 81.
KERENJI K., 126.

LISPECTOR C., 143.
LOTMAN I.M., 53 n.
MACCHIA G., 33.
MANN Th., 82, 86.
MARTINELLI L., 51.
MAUPASSANT de G., 96.
MAURON C., 20.
MIZZAU M., 103.
MUSIL R., 166 n.
NEUMANN E., 103, 127, 139, 152 n., 160 n., 165 n.
NIETZSCHE F., 37-38.
POE E.A., 68, 96.
PROUST M., 112, 123.
RICCIARDI M., 52 n.
RICOEUR P., 112.
SATIR V., 103.
SCHOPENAUER A., 37-39.
SEGRE C., 53 n.
SERPIERI A., 21 n.
SICUTERI R., 81, 152 n.
SOLOVINE M., 142 n.
STEVENSON R.L., 68, 96.
SVEVO I., 167 n.
TERRACINI B., 22, 91.
TESTI M., 40 n.
TIECK J.L., 85.
USPENSKIJ B., 53 n.
WEILL S., 32, 85, 120.
WOLF C., 143.

Opere di Luigi Pirandello citate

Arte e scienza, 52.
Candelora, 148.
Canta l'epistola, 148.
Ciascuno a suo modo, 45, 58, 65, 124, 131, 135.
Ciàula scopre la Luna, 16, 147-148, 150-173.
Colloqui coi personaggi, 46.
Come tu mi vuoi, 14.
Così è (se vi pare), 32.
Enrico IV, 33.
Ignare, 101-192.
Il coppo, 148.
Il fu Mattia Pascal 63, 148.
Il treno ha fischiato, 148.
I vecchi e i giovani, 70, 148.
Il viaggio, 102.
La carriola, 94, 96-97, 118, 154.
La maschera dimenticata, 35-37.
L'amica delle mogli, 15, 126.
La realtà del sogno, 80.
La signora Frola e il signor, Ponza suo genero, 19, 31-33.
L'avemaria di Bobbio, 148.
L'eresia catara, 39-41.
L'esclusa, 19, 45, 62, 64-65, 70, 82, 128.
L'Umorismo, 42, 52, 58, 88, 141, 148.
Male di luna, 16, 148, 150-173.
Notte, 148.
O di uno o di nessuno, 15-16.
Pena di vivere così, 102.
Prefazione ai Sei personaggi, 26, 44-45.
Prima notte, 102.
Quaderni di Serafino operatore, 71-146.
Quando si comprende, 27-29, 102.
Questa sera si recita a soggetto, 65.
Sei personaggi in cerca d'autore, 14, 16, 19, 26, 30, 109, 134.
Se non così, 58.
Si gira..., 63, 65, 67-70.
Suo marito, 51, 62-63, 70, 82, 128.
Trovarsi, 66-67.
Tutto per bene, 22-26.
Un'idea, 91.
Uno, nessuno e centomila, 17, 91, 94, 143.
Vestire gli ignudi, 141.

Indice

Premessa	7
Capitolo primo *Lo specchio magico*	11
Capitolo secondo *Maschile e femminile: una relazione interrotta*	19
Capitolo terzo *Silvia Roncella*	51
Capitolo quarto *Da Silvia alla Nestoroff*	63
Capitolo quinto *Serafino Gubbio e l'immagine ambigua della donna*	71
Capitolo sesto *Varia una e due* *Le metamorfosi del personaggio femminile*	107
Capitolo settimo *Gli uomini della luna: Ciàula e Batà*	147
Indice dei nomi	175
Opere di Luigi Pirandello citate	177
	179

Nuova Biblioteca Dedalo

Ultimi volumi pubblicati:

108 Arrigo Colombo - Cosimo Quarta, *Il destino della famiglia nell'Utopia*, 1991, pp. 456 (serie «L'Utopia. Per una società giusta e fraterna», 108), lire 40.000.

109 Fabio Giovannini, *Le radici del verde. Saggi critici sul pensiero ecologista*, 1991, pp. 184 (serie «Nuovi saggi», 109), lire 25.000.

110 Vittorio Ugo, *I luoghi di Dedalo. Elementi teorici dell'architettura*, 1991, pp. 256 (serie «Teoria dell'Architettura», 110), lire 25.000.

111 Beniamino Finocchiaro, *Il potere scomodo*, (interviste a cura di Antonio Rossano), 1991, pp. 264 (serie «Nuovi saggi», 111), lire 25.000.

112 Cosimo Quarta, *Tommaso Moro. Una reinterpretazione dell'«Utopia»*, 1991, pp. 448 (serie «L'Utopia. Per una società giusta e fraterna», 112), lire 40.000.

113 G. Scalera - A. Meloni, *L'evoluzione del pianeta terra. La geofisica, tra certezze e nuovi confini*, 1991, pp. 240 (serie «Problemi della scienza», 113) lire 28.000.

114 Antonio Rossano, *Scoop! ovvero come fare il giornalista e vivere ugualmente infelici*, 1991, pp. 144 (serie «Nuovi saggi», 114), lire 25.000.

115 Nico Perrone, *Il dissesto programmato. Le partecipazioni statali nel sistema di consenso democristiano*, 1991, pp. 192 (serie «Dossier», 115), lire 22.000.

116 Maria Immacolata Macioti, *Fede, mistero, magia. Lettere a un sensitivo*, 1991, pp. 384 (serie «Nuovi saggi», 116), lire 32.000.

117 Alain Brossat, *Agenti di Mosca. Lo stalinismo e la sua ombra*, (introduzione di Marcello Flores), 1991, pp. 304 (serie «Dossier», 117), lire 30.000.

118 Laura Tundo, *L'utopia di Fourier. In cammino verso armonia*, 1991, pp. 368 (serie «L'utopia. Per una società giusta e fraterna», 118), lire 38.000.

119 Giuseppe Schiavone, *Winstanley. Il profeta della rivoluzione inglese*, 1991, pp. 304 (serie «L'Utopia. Per una società giusta e fraterna», 119), lire 30.000.

120 Georges Balandier, *Il disordine. Elogio del movimento*, (introduzione e cura di Annamaria Rivera), 1991, pp. 336 (serie «Antropo-logiche», 120), lire 30.000.

121 Ernesta Cerulli (a cura di), *Tra uomo e animale*, 1991, pp. 264 (serie «Antropo-logiche», 121), lire 28.000.

122 Benjamin Coriat, *Ripensare l'organizzazione del lavoro*, 1991, pp. 200 (serie «Sociologia del lavoro», 122), lire 26.000.

123 BERTO PEROTTI, *L'anno zero della Germania rossa*, 1991, pp. 144 (serie «Dossier», 123), lire 15.000.

124 BITSAKIS EFTICHIOS, *Basi della fisica moderna. La svolta neorealista nella fisica fondamentale*, 1992, pp. 296 (serie «Problemi della scienza», 124), lire 28.000.

125 LUCIANO CANFORA, *Marx vive a Calcutta*, 1992, pp. 128 (serie «Dossier», 125), lire 22.000.

126 MAURIZIO CALVI, *C'era una volta l'infanzia. Uno sguardo sulla criminalità minorile*, 1991, pp. 192 (serie «Dossier», 126), lire 26.000.

127 GIUSEPPE SEMERARI (a cura di), *Confronti con Heidegger*, 1992, pp. 256 (serie «Nuovi saggi», 127), lire 28.000.

128 DONALD S. PITKIN, *La casa che Giacomo costruì. Romanzo antropologico*, 1992, pp. 320 (serie «Antropo-logiche», 128), lire 28.000.

129 MALCOLM BOWIE, *Freud, Proust e Lacan. La teoria come funzione*, (introduzione di Mario Spinella), 1992, pp. 328 (serie «Collana Bianca», 129), lire 30.000.

130 FURIO SEMERARI, *Potenza come diritto. Hobbes, Loche, Pascal*, 1992, pp. 280 (serie «Nuovi saggi», 130), lire 30.000.

132 GIUSEPPE CAMPOLIETI, *Voci dal mondo laico*, 1992, pp. 208 (serie «Dossier», 132), lire 28.000.

133 GIUSEPPE BARLETTA, *Chronos. Figure filosofiche del tempo*, 1992, pp. 176 (serie «Nuovi saggi», 133), lire 25.000.

*Volume di pagine 184
carta Edimatt, gr. 80*

*Finito di stampare
nel settembre 1992
dalla Dedalo litostampa srl in Bari*